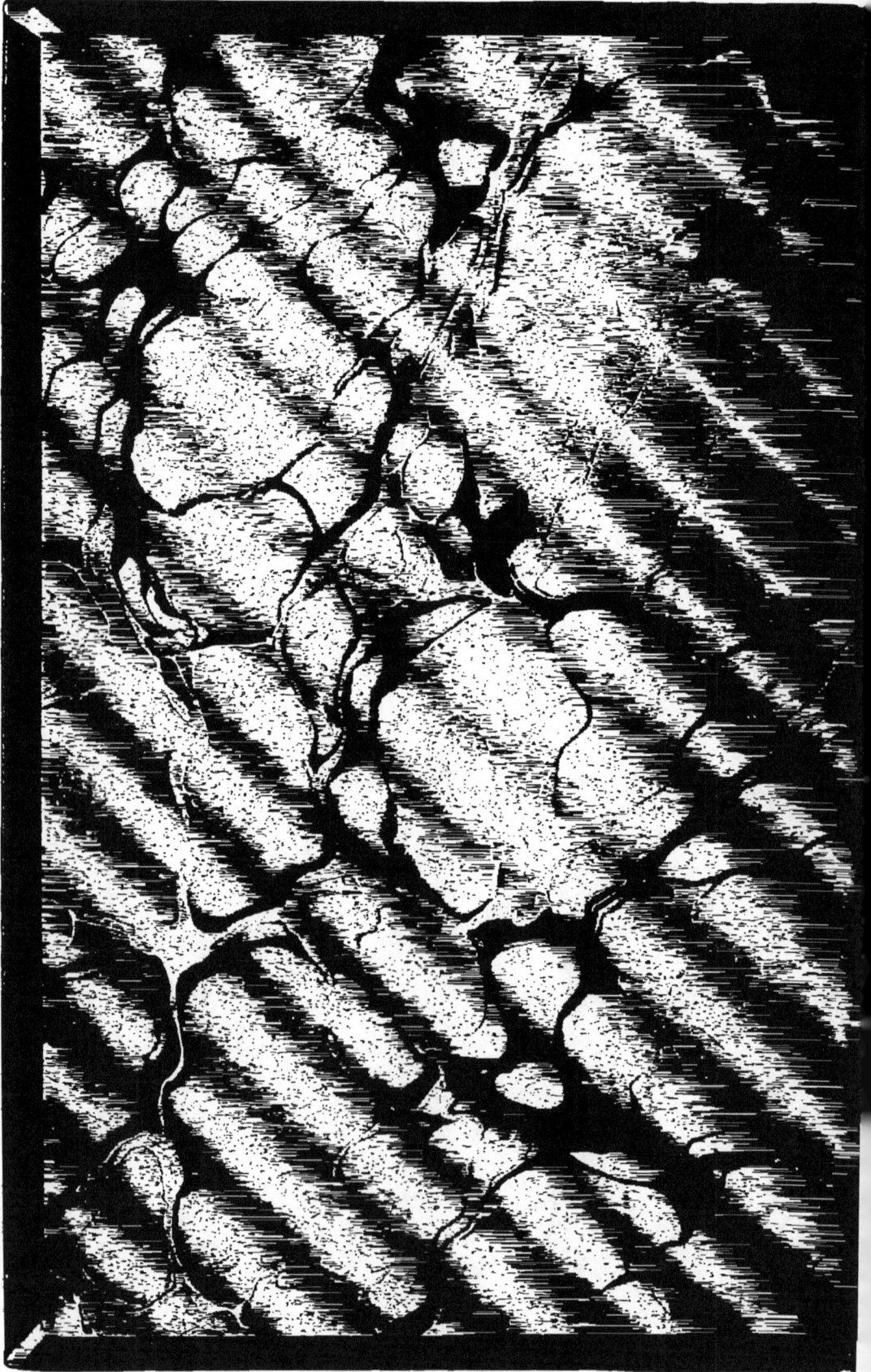

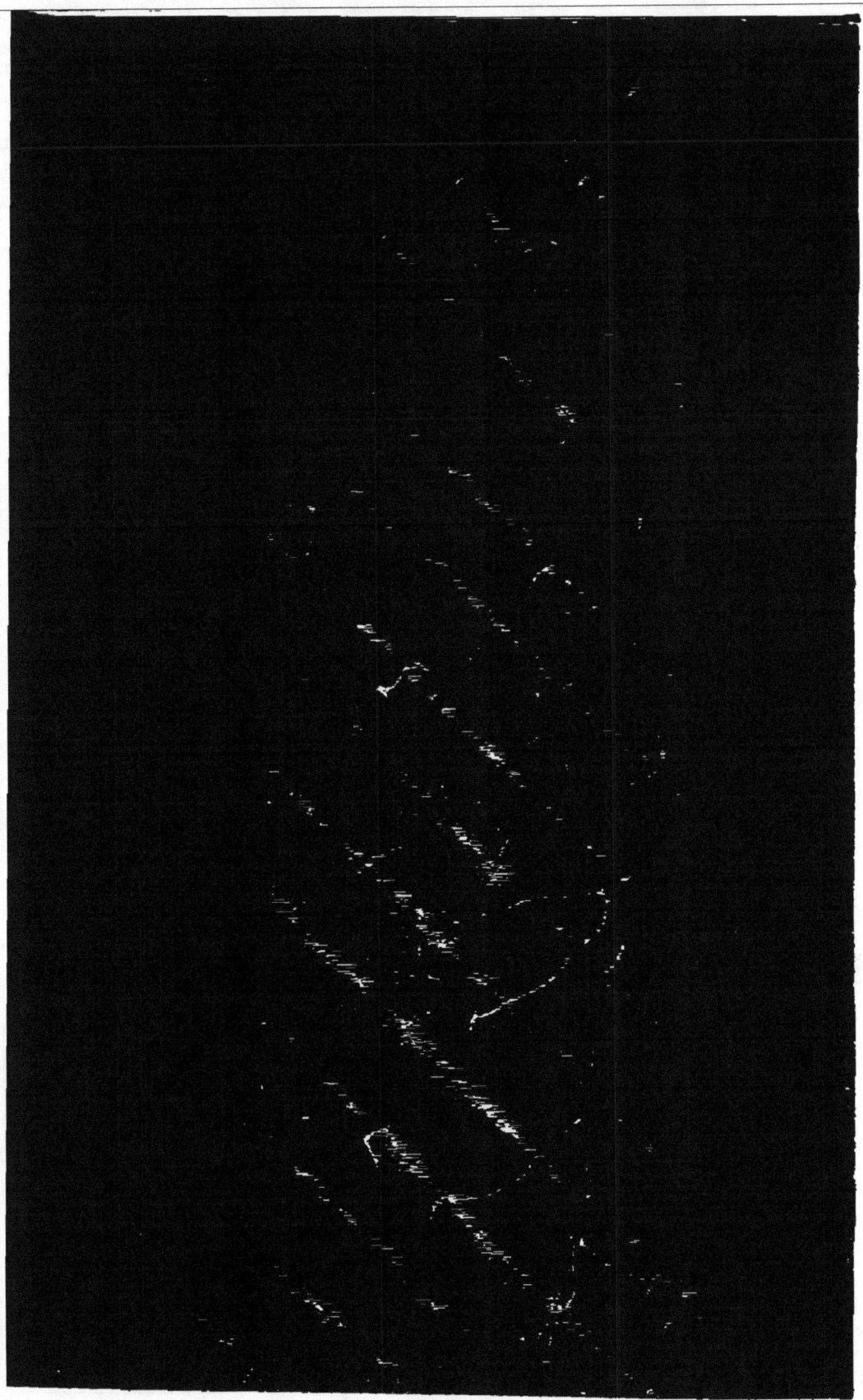

8° Z. Le Senne 8254

LE PÈLERIN

NOTRE-DAME DES VICTOIRES

PAR

L'Abbé V. DUMAX

SOUS-DIRECTEUR GÉNÉRAL DE L'ARCHICONFRÉRIE

AU BUREAU DE L'ARCHICONFRÉRIE
A NOTRE-DAME DES VICTOIRES

1881

LE PÈLERIN

A

NOTRE-DAME DES VICTOIRES

LE PÈLERIN

A

NOTRE-DAME DES VICTOIRES

PAR

L'Abbé V. DUMAX

SOUS-DIRECTEUR GÉNÉRAL DE L'ARCHICONFRÉRIE

NOUVELLE ÉDITION

AU BUREAU DE L'ARCHICONFRÉRIE
A NOTRE-DAME DES VICTOIRES

—

1881

TOUS DROITS RÉSERVÉS

PRÉFACE

AUX ASSOCIÉS DE L'ARCHICONFRÉRIE

Cet ouvrage vous est destiné à tous, chers Associés. Ne vous étonnez pas cependant, s'il semble s'adresser plus exclusivement au pèlerin qui visite pour la première fois Notre-Dame des Victoires. Chacun de vous n'est-il pas ce pieux pèlerin dont le cœur palpite d'aise au seul nom de Notre-Dame des Victoires, et qui sait trouver une ardeur inconnue, quand il peut se diriger vers ce sanctuaire béni ? Bien des fois, je le sais, pour la plupart du moins, vous en avez franchi le seuil, bien des fois vos regards ont contemplé les saintes choses qu'il renferme ; mais vous ne le connaissez encore qu'imparfaitement, laissez-moi vous le dire. Et, si vous le connaissez jusque dans ses détails les plus intimes, permettez-moi de vous inviter à oublier un moment tout ce que vous savez. Cette nouvelle et pieuse étude ne sera pas, je vous le promets, sans utilité pour vous : elle charmera votre esprit, elle consolera, elle édifiera votre piété.

Que Dieu daigne bénir votre pèlerinage !

Ce 8 septembre 1867,
fête de la nativité de la Très-Sainte Vierge.

— III —

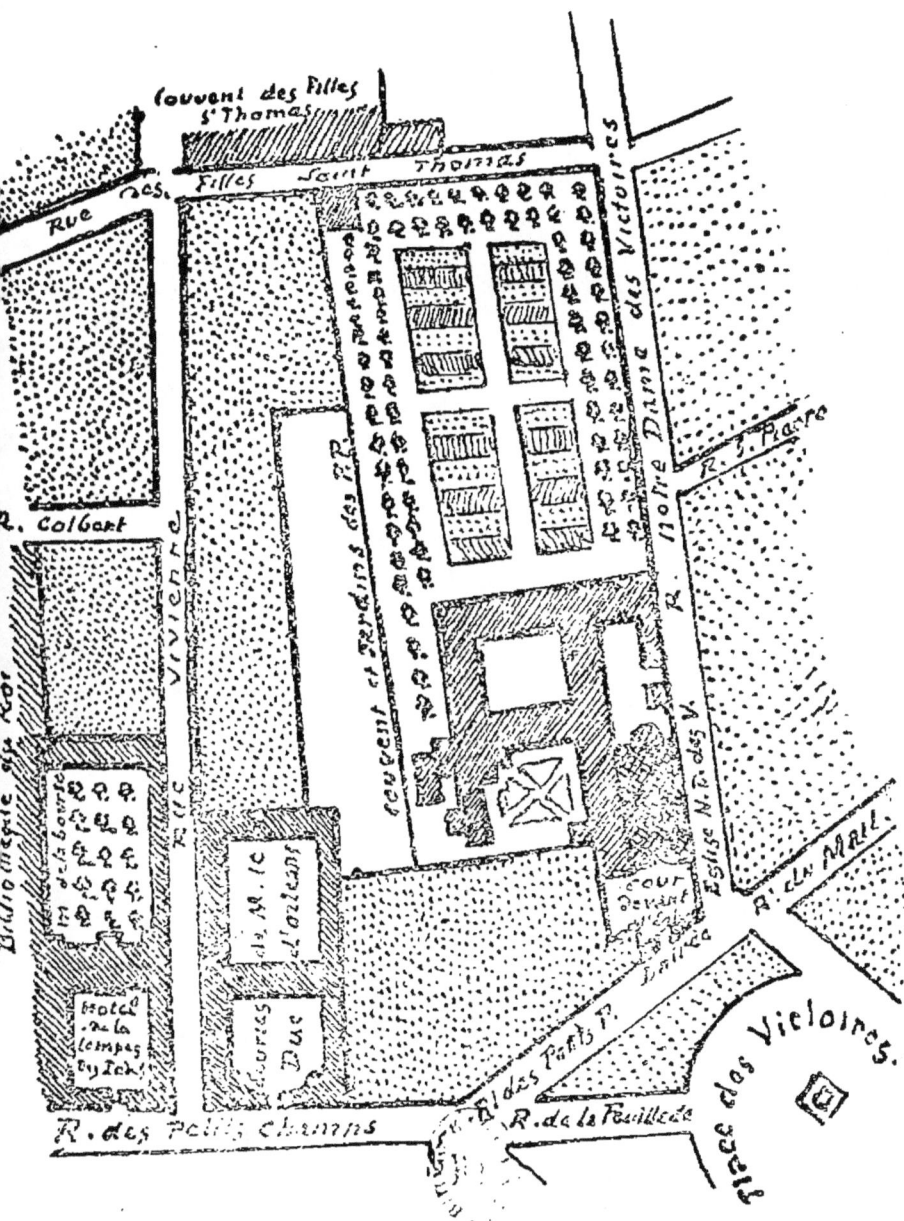

Plan du couvent et de l'église des Petits-Pères,
dressé par Jaillot, 1773.

LE PÈLERIN

A

NOTRE-DAME DES VICTOIRES

AU PÈLERIN

Après Rome, Jérusalem, Lorette, est-il de nos jours un lieu dans le monde où l'on doive venir prier avec un plus légitime empressement, avec une confiance plus grande qu'à Notre-Dame des Victoires? Mystérieuse Église! N'a-t-on pas dit, et avec raison, que c'est la *terre des miracles?* Est-ce que là tous les jours ne se réalisent pas des prodiges?

Cher pèlerin, vous vous proposez de visiter ce sanctuaire sacré de l'Archiconfrérie, d'y venir déposer votre prière au pied de l'image de l'auguste Mère de Dieu. Permettez-moi de vous accompagner; nous ferons ensemble ce pieux pèlerinage. Après avoir prié à l'autel de Marie, je vous servirai de guide dans cette église où tout parle au cœur du pèlerin, où partout se révèlent pour lui les merveilles de la grâce, les témoignages de la miséricorde divine.

Tout d'abord, avant de nous y rendre, laissez-moi vous raconter son histoire et l'origine du pèlerinage qui la rend aujourd'hui si célèbre. J'aurai aussi à vous donner divers renseignements qui serviront à vous en faire apprécier l'importance.

Origine de l'église de Notre-Dame des Victoires.

I

L'église de Notre-Dame des Victoires s'élève au cœur même de Paris, dans le quartier le plus vivant, le plus agité de la grande capitale, sur la petite place connue sous le nom de *place des Petits-Pères* [1].

L'origine de cette église ne remonte pas au-delà du XVIIe siècle.

Vers l'année 1620, des religieux Augustins déchaussés [2] s'étaient établis à Paris, dans une petite maison située près du lieu où se trouve aujourd'hui le marché de Saint-Joseph. Le nombre des religieux ne tarda pas à augmenter ; il fallut bientôt chercher un local plus vaste.

---

1. Du moins, c'est sur cette place que se trouve le portail de l'église. Elle s'étend d'un côté le long de la rue de N.-D. des Victoires, de l'autre dans les cours de la mairie du 2e arrondissement.

2. Les Augustins déchaussés appartenaient à une réforme ou nouvelle observance de l'ordre des Ermites de Saint-Augustin, opérée en Espagne à la fin du XVIe siècle. Le projet de réforme, dont on devait la première pensée à un religieux portugais, le célèbre P. Thomas de Jésus, avait été approuvé au chapitre général de l'ordre assemblé à Tolède en 1588, et le pape Clément VIII, en 1602, avait autorisé les Augustins déchaussés à élire un provincial et des prieurs. Les nouveaux religieux furent attirés en France en 1594, par Guillaume d'Avançon, archevêque d'Embrun : ce prélat leur avait concédé un prieuré situé non loin de Grenoble, à Villars-Benoît. En 1607, des lettres-patentes de Henri IV confirmaient la donation de l'archevêque d'Embrun et

II

Un terrain de plusieurs arpents, près du faubourg Montmartre et limitrophe du *Mail* [1], leur parut convenable pour l'établissement d'un nouveau monastère. Le P. Anselme, leur provincial, en fit l'acquisition en 1628 [2].

Avant de commencer les constructions, ces religieux, vulgairement appelés *Petits-Pères* [3], eurent recours au roi Louis XIII, et le prièrent

permettaient aux Augustins de s'établir dans tout le royaume. Deux ans plus tard, ils étaient appelés à Paris par la reine Marguerite de Valois. Expulsés par cette princesse quelques années après, ils obtinrent en 1619 de s'établir de nouveau dans la capitale. (Voir *Histoire générale de l'Eglise*, xvie siècle, et Jaillot, *Recherches critiques, historiques et topographiques sur la ville de Paris*, t. II, p 47, édit. de 1772.)

1. Mail : on désignait sous ce nom un vaste terrain consacré au jeu de paume, appelé Mail ou Pale-Mail.

2. Ce terrain appartenait probablement à ce qu'on appelait alors le fief de la Grange-Bataillère, qui a donné son nom à la rue Grange-Batelière. L'abbé Lebeuf, dans son *Histoire de Paris*, affirme la chose. Il s'exprime ainsi : « Les Augustins, dits Petits-Pères, s'étaient établis sur une partie du fief de la Grange-Bataillère. » — Ce fief avait alors pour seigneur Louis Vivian. (Voir *Archives nationales*, S. 4760.) — Du reste, la date assignée par Lebeuf pour l'établissement des Augustins est fausse. Il indique 1623. Ce fut en 1628. (Voir *Manuscr.* et *Archives*, et les notes sur l'abbé Lebeuf, par Hip. Cocheris, t. I, p. 258, édit. de 1863.)

3. Il n'y a rien de bien authentique sur l'origine de cette dénomination. Les uns l'attribuent à la pauvreté des Augustins déchaussés ; selon d'autres, elle aurait été donnée à ces derniers pour les distinguer des Augustins non réformés de Paris, qu'on désignait sous le nom de Grands-Augustins, et ceux de la réforme de Bourges qui s'étaient établis depuis peu dans la capitale.

S'il faut en croire une légende qui a été reproduite par une foule d'écrivains, Henri IV aurait été, sans le

de les aider à élever leur monastère et leur église. Le moment était bien choisi. Louis XIII, secondé par son premier ministre, le cardinal de Richelieu, venait de mettre fin aux guerres de religion qui, depuis tant d'années, déchiraient la France, en s'emparant de la Rochelle, dernier rempart de l'hérésie [1]. Le pieux roi se plaisait

vouloir, l'inventeur de ce surnom. Voici à quelle occasion. Peu après que ce prince avait autorisé les Augustins déchaussés à s'établir en France, sans doute à la fin de 1607 ou au commencement de 1608, les Pères François Amet et Mathieu de Sainte-Françoise, qui appartenaient au prieuré de Villars-Benoît, s'étaient rendus chez le roi pour lui rendre leurs hommages et le remercier au nom de toute la congrégation. Les deux religieux étaient très-petits. Henri IV les apercevant de loin dans un salon d'attente, demanda avec gaieté et en faisant allusion à leur taille, ce que désiraient ces *petits Pères*-là. Le mot du roi aurait eu grande vogue parmi les courtisans ; à force de le répéter, on aurait fini par l'appliquer à tous les religieux déchaussés et même à leur monastère et à leur église. Telle est la légende.

Hâtons-nous d'ajouter qu'un auteur anonyme, mais très-véridique, du XVIIIe siècle, qui a écrit sur le couvent des Augustins, rejette cette légende et explique ainsi l'origine du nom : « Ce fut la pauvreté et la petitesse de leur premier établissement qui leur fit donner le nom de *Petits-Pères* qui, dans sa racine et dans son étymologie *(sic)*, est un nom de compassion sur la misère de cette congrégation naissante. » L'auteur anonyme ajoute : « J'ai voulu faire cette remarque en passant pour détruire les idées creuses et les contes en l'air qu'on a forgés sur l'origine de ce nom de *Petits-Pères*. »

Quoi qu'il en soit de son origine, ce surnom a traversé les siècles et survécu à ceux qui l'avaient reçu : il subsiste aujourd'hui encore. La place qui s'étend devant l'église n'a pas d'autre dénomination, ainsi que l'une des rues et le passage qui y aboutissent. L'église de Notre-Dame des Victoires elle-même n'est connue, par beaucoup de personnes, que sous le nom d'église des Petits-Pères.

1. La Rochelle avait été soumise le 28 octobre 1628.

à proclamer que cet important succès était dû à la protection de l'auguste Mère de Dieu, qu'il avait solennellement invoquée, et il était impatient de lui prouver sa reconnaissance. L'occasion qui se présentait lui parut excellente ; il s'empressa d'accéder aux désirs des Augustins, à la condition toutefois que leur église porterait le titre de *Notre-Dame des Victoires*.

III

Le 9 décembre 1629, deuxième dimanche de l'Avent, l'archevêque de Paris, Jean-François de Gondy, bénit solennellement les fondations de la nouvelle église, et Louis XIII en posa la première pierre [1]. Il était accompagné des prin-

---

[1]. Cette pierre était de marbre noir. Aux quatre coins, sur des plaques d'argent, on avait gravé : 1° l'image de la Sainte-Vierge, assise, tenant d'une main l'enfant Jésus, debout sur ses genoux, et de l'autre main s'appuyant sur un L couronné de France, soutenu par un petit ange et orné d'une branche de laurier ; 2° saint Augustin, vêtu en moine déchaussé, portant une église de la main droite et de l'autre un cœur enflammé ; 3° Louis XIII revêtu des insignes de la royauté ; 4° les armes de France. — L'inscription en lettres d'or exprimait les motifs qui déterminèrent le pieux monarque à dédier l'église des Augustins sous le vocable de Notre-Dame des Victoires ; elle était ainsi conçue :

Ludovicus XIII, Dei gratiâ, Francorum et Navarræ rex christianissimus, invictus et ubique victor, tot victoriarum cœlitus partarum profligatæque hæresços non immemor, in insigne pietatis monumentum, FF. Augustinianis discalceatis, conventûs Parisiensis, hoc Templum erexit, Deiparæque Virgini Mariæ, sub titulo de Victoriis dicavit, anno Domini MDCXXIX, die ix *nonis Decembris, regno vero* xx. (*Merc. franç.* T. 15 et 16. — *Spond. an.* 1629.)

En voici la traduction :

Louis XIII, par la grâce de Dieu, roi très-chrétien de France et de Navarre, partout et toujours victorieux,

cipaux seigneurs de la cour, du corps de la ville de Paris et d'une foule de notables [1]. Le P. Anselme assistait à la cérémonie avec trente religieux.

IV

Le monastère ne tarda pas à s'élever à côté de l'église, et les Petits-Pères eurent bientôt un couvent qui ne le cédait en rien aux autres maisons de leur ordre.

Ce fut aussi à la munificence de Louis XIII qu'ils le durent. Ce prince, par des lettres patentes du mois de décembre 1629, s'était déclaré le fondateur non-seulement de l'église, mais encore du couvent. Et en vertu de ces mêmes lettres, il accordait aux religieux Augustins, qui le devaient habiter, les mêmes priviléges, droits, franchises, exemptions dont jouissaient les autres églises et maisons de fondation royale.

---

en mémoire de toutes les victoires dont le Ciel l'a favorisé, en mémoire surtout du triomphe qu'il a remporté sur l'hérésie, comme monument insigne de pieuse reconnaissance, a construit ce Temple pour les frères Augustins déchaussés du couvent de Paris, et l'a dédié à la Vierge Marie, mère de Dieu, sous le titre de Notre-Dame des Victoires, l'an du Seigneur 1629, le 9 décembre, de son règne l'an xxe.

1. L'auteur anonyme cité plus haut raconte ainsi la cérémonie de la pose de cette première pierre. « Le neuvième de décembre 1629, qui fut le 2e dimanche de l'avent, Louis XIII, accompagné de toute sa cour, suivi du prévôt des marchands et des échevins et suivi d'un peuple infini, vint dans la nouvelle église, descendit dans les tranchées de fondation ; messire Jean-François de Gondy, archevêque de Paris, bénit la première pierre, et le prince, la truelle à la main, offrit à la Sainte-Vierge le temple qu'il commençait à lui bâtir. »

En 1863 ou 1864, on a retrouvé, enfouie dans la terre, une dalle de marbre noir, proclamant Louis XIII, le généreux fondateur du couvent, et indiquant, pour en solenniser l'anniversaire, la date de la mort de ce prince. Voici l'inscription :

XIV° MAIO ANNIVERSARIUM
TRIUMPHANTIS MEMORIÆ LUDOVICI XIII
REGIS FRANCORUM ET NAVARRÆ
HUJUS CONVENTUS FUNDATORIS MUNIFICENTISSIMI

Histoire de la construction de l'église de Notre-Dame des Victoires.

I

La construction de l'église des Petits-Pères n'alla pas aussi vite que celle de leur couvent. Après avoir été commencés avec ardeur, d'après les plans fournis par Galopin, architecte du roi, peu à peu les travaux se ralentirent, et furent même à peu près suspendus pendant plusieurs années [1].

Du reste, une chapelle provisoire, accessible aux fidèles, avait été élevée par les soins de Louis XIII, et elle suffisait aux exigences de la première installation. C'était une vaste salle dépendant du couvent et sans doute dès lors destinée à devenir la sacristie de l'église lorsque celle-ci serait achevée.

---

1. Sans doute à l'époque de la mort de Louis XIII, arrivée le 14 mai 1643.

II

En 1656, sous l'influence de la reine Anne d'Autriche, alors veuve de Louis XIII, les travaux de l'église furent repris avec activité. Pierre Lemuet [1] et Libéral Bruant [2], architectes renommés de ce temps, en eurent tour à tour la direction et perfectionnèrent le plan primitif. Il est à croire même que dans ce perfectionnement, des proportions plus considérables furent données à la nef, en sorte que ce fut comme une seconde fondation du temple [3].

---

1. Pierre Lemuet, né à Dijon, en 1591, se distingua dans l'architecture militaire et civile. Il dressa les plans de fortification de plusieurs villes de Picardie, acheva l'église du Val-de-Grâce, construisit plusieurs châteaux importants, entr'autres celui de Luynes. Il mourut à Paris, en 1669.

2. Libéral Bruant. Cet architecte s'est rendu célèbre par la construction de la Salpêtrière qu'il fit en partie et dont il avait fourni les plans, et surtout par l'hôtel des Invalides, dont on lui doit aussi les plans. Il mourut en 1690.

3. Plusieurs auteurs, à la tête desquels il faut placer Dulaure dans son *Histoire de Paris*, pensent que l'église dont Louis XIII avait posé la première pierre en 1629 n'est pas l'église actuelle. Ils disent que cette église, de dimensions fort exiguës, fut bientôt insuffisante ; qu'on en construisit une autre (l'actuelle), et que celle de Louis XIII devint la sacristie du nouvel édifice (et serait par conséquent détruite aujourd'hui).

Voici comment s'exprime Dulaure, avec son parti pris de discréditer la religion et les choses saintes.

« Le 9 décembre 1629, le roi posa la première pierre de l'église des Augustins, et voulut qu'elle portât le titre de Notre-Dame des Victoires, en mémoire des tristes victoires qu'il avait remportées sur les Français protestants. Dans la suite, ces Augustins, tout déchaussés qu'ils étaient, ne trouvèrent pas leur église assez belle. En 1656, ils entreprirent d'en construire une nouvelle, plus vaste et plus somptueuse.

III

' Sur la fin de 1666, bien que l'édifice ne fût pas encore achevé, on se vit contraint de com-

Mais ils avaient trop présumé de leurs ressources. Cet édifice resta longtemps imparfait faute de finances. Les travaux n'en furent repris qu'en 1737 et terminés en 1740. La précédente église servit de sacristie à la nouvelle. Cet édifice fut élevé sur les dessins de Cartaud. » (Edit. Furne, 1857, t. IV.)

L'auteur de l'*Histoire religieuse de N.-D. des Victoires*, publiée en 1855, après avoir dit de même qu'on fut obligé en 1656 de construire une nouvelle église, ajoute (p. 178) que « bien qu'on n'ait pas de renseignement exact sur l'emplacement de l'ancienne église, il est très à croire qu'elle était placée au nord-ouest de celle qui existe aujourd'hui, sur l'emplacement de la caserne ».

L'assertion de ces auteurs repose sur un malentendu. Ils ont confondu la chapelle provisoire avec la véritable église de Notre-Dame des Victoires. Sans doute, la chapelle provisoire fut construite par la munificence de Louis XIII, ainsi que tout le couvent des Augustins; mais ce n'était pas cette chapelle que le sage et puissant monarque voulait laisser dans le monde comme témoignage insigne de sa pieuse reconnaissance, *tot victoriarum cœlitus partarum in insigne pietatis monumentum*. Evidemment Louis XIII devait vouloir attacher son nom et un si grand souvenir à un édifice digne de l'un et de l'autre. Et pourquoi eût-il employé cette expression : *hoc templum* dans l'inscription de la première pierre, s'il se fût agi d'une simple chapelle ou d'un édifice de si mesquine apparence?

Du reste, un des ouvrages les plus précieux pour l'histoire des cinquante premières années du couvent et de l'église des Petits-Pères, la *Vie du frère Fiacre*, publiée en 1722 (nous aurons à en parler plus loin), ne laisse nullement supposer qu'une seconde église ait été élevée en 1656 par les Augustins déchaussés. Un recueil de notes empruntées à des manuscrits antérieurs à 93, dont plusieurs appartiennent à la ville

mencer à y célébrer les fonctions du culte sa-
Paris, n'en parle pas non plus. On y lit simplement ces mots : « Louis XIII posa la première pierre de l'église des Augustins le 9 décembre 1629 ; mais la construction, souvent interrompue, souvent reprise, ne fut achevée qu'en 1740. » Ainsi, dans ce recueil de notes, aussi bien que dans la *Vie du frère Fiacre*, l'église actuelle de Notre-Dame des Victoires est regardée comme celle dont Louis XIII avait posé la première pierre en 1629.

On peut tirer la même conclusion d'un célèbre discours prononcé, le 16 novembre 1740, par M. l'abbé Clément, docteur en théologie, à l'occasion de la consécration de l'église. Ce discours fut imprimé l'année suivante avec autorisation royale, et par conséquent semble très-sûr dans les renseignements qu'on y peut puiser. Or, à la page 4, l'orateur proclame Louis XIII le fondateur du temple dont on célèbre la consécration. « Voici, dit-il, la vraie Tour de David, bâtie autrefois par un de nos plus grands rois. » Louis XIII est indiqué en note. — L'orateur est plus explicite encore à la page 12 ; il s'exprime ainsi : « Le fondateur de ce temple dont la consécration nous rassemble aujourd'hui, Louis surnommé le Juste, treizième de ce nom si cher à la France... » A la page 31, on lit ces mots : « Il était convenable que *ce temple fût enfin porté à ce point de majesté* où nous le voyons aujourd'hui. »

Le *Dictionnaire historique des bénéfices et établissements ecclésiastiques de France*, publié en 1778, à l'article : Notre-Dame des Victoires, et M. Hip. Cocheris, dans ses *Notes* savantes sur l'abbé Lebeuf, t. I, p. 256, parlent de la fondation de l'église de 1629, et n'ont pas l'air de soupçonner que cette église de 1629 ait fait place à une autre.

Ajoutons une dernière preuve. Mgr Darboy, dans un ouvrage intitulé : *Statistique religieuse du diocèse de Paris*, qu'il publia en 1856, alors qu'il était vicaire général de Mgr Sibour, dit positivement à l'article Notre-Dame des Victoires : « Cette église a été bâtie en 1629. »

Ajoutons encore que l'autorité de Dulaure ne saurait être invoquée. — Il suffit de faire remarquer que cet auteur dit que l'église de 1656 fut élevée sur les dessins de Cartaud. Or, Cartaud n'est venu au monde qu'un demi-siècle après : c'est assez qu'il ait fait le plan du portail et l'ait construit.

cré [1], la chapelle provisoire devenant de plus en plus insuffisante. En conséquence, le 20 décembre de cette année, l'église fut bénite par Mgr l'Evèque de Périgueux. On attendait pour en faire la consécration solennelle qu'elle fût terminée dans toutes ses parties.

Cette consécration ne put avoir lieu que soixante-quatorze ans après. Le manque de ressources, ou peut-être plutôt le désir de ne pas gêner les fidèles, fit traîner en longueur l'achèvement de l'église. Les travaux en furent plusieurs fois même complétement suspendus [2]. Enfin, après une longue période d'abandon, ils furent repris par Cartaud, en 1737 [3]. Cet architecte construisit le portail et eut l'honneur d'achever le monument en 1740. — D'après un des manuscrits dont nous avons parlé plus haut, la dépense totale de l'édifice se serait élevée à 1,200,000 livres.

1. Plusieurs des auteurs qui se sont occupés des origines de Notre-Dame des Victoires, semblent insinuer que cette église ne put servir au culte divin qu'au moment de sa consécration, en 1740. Le discours prononcé par M. l'abbé Clément, le jour de cette consécration, prouve jusqu'à l'évidence qu'il n'en fut point ainsi. Dans ce discours, sur l'autorité duquel nous avons parlé plus haut, il est positivement dit, p. 31 : « Ce temple n'était exécuté qu'en partie, quand le pieux empressement des peuples força cependant de l'ouvrir à leur dévotion. »

Au bas de la page, une note explique ces mots : *Il n'était même exécuté qu'en partie*. — La voici : « L'église, tout imparfaite qu'elle était, fut bénie le 20 décembre 1666 par messire Guillaume Leboux, évêque de Périgueux, et le lendemain, Mgr l'Archevêque de Paris y dit la première messe. »

2. Dans une des reprises du travail, l'architecte Pierre Leduc acheva la nef et le chœur.

3. La *Biographie universelle*, éditée par Furne, 1838-1841, à l'article Libéral Bruant, désigne sous le nom d'Artaud l'architecte qui acheva Notre-Dame des Victoires. C'est évidemment une faute typographique.

Quant à la chapelle ou église provisoire, dont on avait continué de se servir jusqu'en 1666, elle fut employée comme sacristie à partir de cette époque.

L'année même où fut achevé le monument (1740), eut lieu la consécration. Elle fut faite le dimanche, 13 novembre, par Mgr Hyacinthe Leblanc, évêque *in partibus* de Joppé, ancien augustin. Mgr Charles-Gaspard-Guillaume de Vintimille était alors archevêque de Paris.

Description architecturale de Notre-Dame des Victoires.

EXTÉRIEUR DE L'ÉGLISE

L'église de Notre-Dame des Victoires a été construite suivant les règles et l'ordonnance du style ionique.

A l'extérieur, elle présente l'aspect d'un parallélogramme terminé par une abside. Le portail seul mérite de fixer l'attention. C'est une imitation de ces formes grecques, imaginées par Mansard, et qu'on retrouve dans presque toutes les églises bâties à cette époque. Il est formé de deux ordres superposés. Trois portes, qui s'ouvrent entre des pilastres ioniques, composent l'étage inférieur : il est élevé de quatre marches au-dessus du sol. Une attique surmonte la porte principale; sur cette attique couronnée d'une gloire au milieu de laquelle apparait le nom de Jéhovah, on lisait autrefois l'inscription suivante :

D. O. M.

VIRG. DEI — PARÆ

SUB TITULO DE VICTORIIS

L'étage supérieur est décoré aux deux extrémités d'une pyramide tronquée. La partie du milieu est percée d'une grande fenêtre, encadrée par quatre pilastres corinthiens qui supportent un fronton triangulaire. Le tympan de ce fronton est orné des armes de la France sommées d'une couronne et entourées de drapeaux. C'est un témoignage authentique de la fondation royale de l'église, et un souvenir d'un privilége que Louis XIII accorda en 1638, aux religieux, de prendre ses propres armes [1].

La hauteur totale du portail est de 21 mètres, non compris le fronton, 27 jusqu'au sommet de la croix; sa largeur est de 24 mètres 50 centimètres.

INTÉRIEUR — ASPECT GÉNÉRAL

A l'intérieur, l'église a la forme d'une croix latine, dont le sommet est considérablement allongé. Les bras de la croix, formant transept, sont terminés carrément, et mesurent une largeur égale à celle de la nef. Celle-ci est formée de quatre travées soutenues par des pilastres ioniques. Une ceinture de chapelles l'entoure : on en compte quatre de chaque côté. Par leur disposition, ces chapelles, qui ont cinq mètres de profondeur, tiennent lieu de nefs latérales : en effet, les murs de refend (de séparation entre les chapelles) sont percés d'arcades à l'alignement des portes latérales du portail. Les transepts continuent la série des chapelles. Avant la Révolution de 93, une sixième chapelle de cha-

---

1. Toutefois, les armes de France concédées aux religieux Augustins de N.-D. des Victoires, portaient en cœur des trois fleurs de lys, une image de la Vierge debout sur des nuages, et tenant en ses bras l'Enfant Jésus.

que côté ouvrait à la fois sur les transepts et sur le chœur actuel : ces deux chapelles sont aujourd'hui fermées et servent de sacristies.

Le chœur est terminé par une abside à pans coupés, qui forme le sanctuaire. Il est clos de toutes parts et mesure trois travées et demie, 22 mètres 28 centimètres de la balustrade au rétable du maître-autel [1]. Cette longueur est peu proportionnée à celle de la nef qui n'a que 37 mètres 40 centimètres ; elle trouve sa raison d'être dans la destination primitive de l'église. Ainsi qu'il a été dit plus haut, elle avait été construite pour un couvent ; or, tout le monde sait que le chœur dans une église de couvent est la partie principale de l'édifice, c'est là que se réunissent les religieux [2].

DESCRIPTION PARTICULIÈRE DES DIVERSES PARTIES DE L'ÉGLISE

Les clefs des arceaux des travées de la nef sont ornées de cartouches avec chutes de fleurs d'un dessin exquis et d'une parfaite exécution [3]. Au-dessus des travées règne un entablement et une corniche qui circule autour de l'église. Une voûte en plein-cintre et à pénétration vient se reposer sur cette corniche. Chaque travée est éclairée par une fenêtre demi-circulaire pratiquée entre les arceaux de la voûte.

---

1. Sur 9 m. 80 c. de largeur.
2. L'ancien chœur se divise actuellement en deux portions, égales comme longueur, et fermées par une grille. La première est aujourd'hui livrée aux fidèles. Par conséquent le chœur actuel et le sanctuaire ne mesurent que 11 mètres.
3. Tout dernièrement ces cartouches ont été décorés du chiffre de la Sainte-Vierge. les lettres M.-A, entrelacées et dorées.

Les transepts et le chœur ont été exécutés d'après la même ordonnance.

La travée centrale de jonction du chœur, de la nef et des transepts est couverte d'une petite coupole hémisphérique, ornée au sommet d'une gloire entourée de rayons et de têtes d'anges. Au milieu de cette gloire apparait, comme sur la porte d'entrée, le triangle renfermant le nom de Jéhovah, double symbole de la Très-Sainte Trinité. Suivant le projet de Libéral Bruant, cette voûte devait être remplacée par un dôme que des considérations particulières firent supprimer plus tard.

La voûte du monument est en pierres de taille dans la nef et jusqu'à la deuxième travée du chœur. Le reste jusqu'au chevet de l'église est en bois revêtu de plâtre. C'était, dit-on, un usage de ne pas mettre de pierres dans la construction des voûtes des chapelles particulièrement destinées aux religieux des Ordres mendiants.

Deux marches élèvent le niveau du chœur, trois autres marches élèvent celui du sanctuaire. L'autel principal du chœur et chacun des autels des transepts ont un même nombre de marches.

La longueur totale de l'édifice est de 59 mètres 68 centimètres; la largeur de la nef de 11 mètres. Celle de la travée centrale 21 mètres 35 centimètres. La hauteur des voûtes est de 17 mètres, 20 mètres sous la coupole[1].

---

1. En 1863, une restauration complète de l'église a été exécutée. C'est la plus importante que le monument ait subie depuis sa consécration (1740). Tous les murs de l'église, à l'intérieur, ont été grattés à vif. Ce grand travail, qui a coûté 40,000 fr., a été fait aux frais de la ville de Paris, sous l'habile direction de MM. Huillard et Moreau.

Résumé de l'histoire intime et religieuse de l'église de Notre-Dame des Victoires, depuis son origine jusqu'au 3 décembre 1836.

Ce serait ici le lieu de raconter l'histoire intime et religieuse de l'église de Notre-Dame des Victoires depuis son origine jusqu'à nos jours. Mais cette histoire, d'ailleurs du plus haut intérêt, formerait à elle seule tout un volume ; nous en signalerons seulement les principaux traits.

I

De 1629 à 1666. — Toute cette période se passe dans la chapelle provisoire. Après d'humbles débuts, Notre-Dame des Victoires devient bientôt illustre. Plusieurs grâces insignes et d'une importance capitale pour la France, obtenues dans ce sanctuaire, notamment la naissance de Louis XIV, dont un religieux apprend la nouvelle par une révélation, attirent sur l'église et sur le monastère des Augustins les faveurs de la cour et les regards de tous les catholiques. Chose mystérieuse ! c'est un pauvre frère lai du couvent, le frère Fiacre, qui est la principale cause de la grande influence et de la gloire de ce sanctuaire célèbre, dans la première période de son existence. C'est à cet humble religieux que la Sainte-Vierge se manifeste pour lui annoncer la naissance du grand Roi ; grâce à lui, une confrérie est érigée, en 1657, à Notre-Dame des Victoires, sous le titre de Notre-Dame des Sept-Douleurs : la reine-mère, Anne d'Autriche, s'y fait inscrire la première et s'en déclare la protectrice.

II

De 1666 à 1789. — Sous les voûtes du beau temple dont il lui était enfin donné de jouir, la gloire de Notre-Dame des Victoires ne fit que s'accroître avec les années. Durant cette période, deux jours brillèrent d'un plus grand éclat que tous les autres. Le premier fut le 2 avril 1674 : en ce jour-là eut lieu l'inauguration d'une magnifique chapelle dédiée à la Très-Sainte Vierge sous le titre de Notre-Dame de Savone. Une statue en marbre de cette Vierge, si célèbre en Italie, y fut élevée à la place où se trouve aujourd'hui la statue de Notre-Dame des Victoires. Le second jour de gloire fut celui de la consécration solennelle de l'église, le 13 novembre 1740.

III

Avec 1789 commence pour Notre-Dame des Victoires et pour les Augustins une ère de malheur et de désolation. Une loi du 13 février 1790 supprime les communautés religieuses. Par suite de cette loi, les Augustins sont soumis à mille vexations, dépouillés de leurs biens, arrachés à leur cher sanctuaire, qui demeure fermé jusqu'au 4 février 1791.

A cette époque, par un décret de l'Assemblée nationale, l'église des ci-devant Augustins est érigée en église paroissiale, sous le titre de Saint-Augustin des Petits-Pères. Un curé constitutionnel est chargé de l'administrer. Le pasteur improvisé meurt au bout de quelques mois ; un autre le remplace. Mais l'année 93 vient de commencer. On ne veut plus aucun souvenir de l'ancien culte. C'est à la seule déesse de la raison qu'on doit brûler désormais tout encens. Les prêtres constitutionnels de Saint-Augustin disparaissent dans l'affreuse tempête. L'église est de nouveau fermée, puis rouverte pour servir d'asile à la société populaire et patriotique du quartier du Mail, dite société de Guillaume Tell. C'est là qu'elle tient ses séances ; c'est là aussi que la municipalité démagogique convoque ses assemblées et fait ses élections.

IV

Après la Terreur, une nouvelle destination est donnée à l'ancienne église. La Bourse de Paris y est installée le 8 janvier 1796, en vertu d'un arrêté du Directoire, daté de ce jour (18 nivôse, an IV de la République). Ainsi le Dieu véritable, auquel un roi très-chrétien a consacré cet édifice, est remplacé dans ce lieu par le génie du lucre et de la cupidité, inspirateur de tant de crimes, et aux cantiques sacrés qu'on entendait naguère retentir sous les voûtes du saint temple, succèdent le bruit discordant de l'argent et de l'or, et les cris des agents qui proclament la hausse ou la baisse [1].

V

La situation s'améliore en 1803. On se rappelle que ce monument tout profane aujourd'hui était naguère une église. Les notables du quartier demandent qu'on leur rende leur sanctuaire

---

1. Bien entendu, tout ce qui pouvait, soit à l'intérieur soit à l'extérieur, rappeler le souvenir de sa destination primitive en avait été enlevé en 1793. On avait renversé la croix qui dominait le fronton, et à la place des armes de Louis XIII, on avait dressé, sur les deux pyramides qui décorent le sommet du monument, les lugubres armoiries de l'époque révolutionnaire, le bonnet de la liberté. Ces signes de triste souvenir ne furent enlevés que le 14 août 1807. (Archives de l'Hôtel-de-Ville.)

d'autrefois. Le gouvernement ne peut accéder de suite à ce désir : il ne sait où transporter la Bourse ; mais il admet en principe la réclamation. En attendant qu'on la puisse réaliser, une vaste salle du couvent, celle-là même qui avait servi jadis de chapelle provisoire et qui était devenue la sacristie de l'église, est concédée au culte catholique. Par une ordonnance archiépiscopale, la paroisse fondée en 1791, contre toutes les règles de l'Eglise, est canoniquement reconnue sous le titre de Notre-Dame des Victoires. Un des anciens religieux, le P. Rivière, est autorisé à remplir les fonctions de desservant, dans ce local provisoire.

VI

Le 1er septembre 1808, la succursale dite des Filles Saint-Thomas ayant été réunie à celle de Notre-Dame des Victoires, M. Nicolas Gravet, qui en était curé, succède au P. Rivière. Sous l'administration de M. Gravet, l'église est enfin rendue au culte le 9 novembre 1809[1]. Elle est solennellement reconciliée, ce même jour, par Mgr de Rohan-Chabot, ancien évêque de Saint-Claude et de Mende. Pendant quatorze mois, M. Gravet continue d'administrer l'église Notre-Dame des Victoires. Il meurt le 15 janvier 1811, laissant après lui de vifs regrets et le souvenir d'un pasteur recommandable par sa piété et sa bienfaisance.

---

1. La Bourse fut alors transportée au Palais-Royal qu'on appelait alors le Palais du ci-devant Tribunat. Ce ne devait être que pour quelques années. Sur l'emplacement du monastère et de l'église des religieuses Dominicaines dites les *Filles Saint-Thomas*, on venait de jeter les fondements d'un splendide monument destiné à la Bourse, celui où elle est actuellement installée.

M. l'abbé Decroix lui est donné pour successeur, le 12 mars suivant. Ce nouveau pasteur se fait aimer comme M. Gravet par les pauvres de sa paroisse, dont il se montre le père et le soutien, et qu'il n'oublie pas dans son testament. Il meurt le 7 septembre 1814.

VII

Cinq mois après, M. Fernbach est appelé de la cure de Saint-Philippe du Roule à celle de Notre-Dame des Victoires ; il en prend possession le 25 février 1815. Il devait la desservir pendant près de dix-huit ans. Les membres de son Conseil de fabrique écrivaient de lui en 1822 dans un rapport officiel : « La loi des convenances interdit aux membres de la fabrique de consigner ici au sujet de M. Fernbach des éloges mérités ; mais ils lèguent avec confiance à leurs successeurs le soin d'acquitter ce tribut de la reconnaissance et de l'estime. »

VIII

Cependant, malgré cette succession de pieux et zélés pasteurs, et bien que depuis des années la croix ait reparu au faîte de cette église si illustrée dans le siècle précédent, bien qu'on ait salué avec joie ce retour à un passé meilleur, qu'on l'ait même provoqué, bien qu'une image de Marie ait été replacée dans cette même chapelle de Notre-Dame de Savone, aux pieds de laquelle on s'empressait de venir prier autrefois, l'action du ministère sacerdotal et le prestige de ces saintes choses restent sans succès auprès de la plupart des habitants de la paroisse. Hélas ! nulle part plus qu'en ce quartier la population ne subit les influences du demi-siècle d'irréligion qui vient de s'écouler. Tout entière aux soucis et aux sollicitudes du commerce et de l'industrie, tout absorbée par les préoccupations d'une vie de plaisir, elle semble étrangère aux idées de la foi, aux intérêts de l'ordre surnaturel. « Les ténèbres de l'incrédulité ont obscurci les intelligences, l'indifférence a glacé tous les cœurs. » Par une conséquence nécessaire, le saint temple reste désert, même aux jours des solennités les plus augustes de la religion. C'est en vain que le prêtre monte dans la chaire pour y rompre le pain de la parole; personne n'est là pour l'écouter. Quant à la réception des sacrements, il va sans dire qu'on n'y songe pas, même à l'article de la mort. Les années voient périodiquement s'accroître le mal. C'est la désolation dans le lieu saint. On dirait que, comme autrefois, pour le temple de Jérusalem, l'esprit de Dieu s'est retiré de la maison du Seigneur. Le nom même sous lequel la plupart désignent leur église, indique cette espèce de malédiction : on ne l'appelle pas Notre-Dame des Victoires, mais seulement l'église des Petits-Pères. (Voir *Manuel de l'Archiconfrérie*, lettres de M. Des Genettes, *Histoire religieuse* de Notre-Dame des Victoires.)

Mais Dieu se plait à intervenir là où toute espérance humaine semble perdue. « La Providence préparait une œuvre magnifique. »

Histoire de l'établissement de l'Archiconfrérie. — Ses premiers développements. — M. Des Genettes.

I

La première moitié de l'année 1832 s'achève à peine. L'église de Notre-Dame des Victoires est veuve de son pasteur : M. Fernbach vient de mourir. Le 27 août, l'autorité diocésaine lui donne un successeur. « C'est un vénérable ecclésiastique accoutumé dès son enfance à aimer, à vénérer Marie, et dont le cœur est enflammé d'un saint zèle pour la gloire de Dieu et le salut des âmes. » On l'appelle Charles-Éléonore Dufriche Des Genettes.

Né à Alençon, le 10 août 1778, il a vu s'écouler son enfance et sa jeunesse au milieu des horreurs de la tourmente révolutionnaire. Son âme, naturellement forte et généreuse, surexcitée par une foi inébranlable et par un dévouement sans mesure à la cause de Dieu et de la religion, s'est aguerrie dans l'épreuve et dans la lutte. L'état ecclésiastique avait été pour lui l'objet d'une sainte ambition dès sa plus tendre jeunesse. Le 24 juin 1803, il entrait au séminaire et y recevait, le 9 juin 1805, le caractère sacerdotal. Durant les premières années de son ministère, il a exercé les fonctions de vicaire et celles de curé dans son diocèse, à Argentan puis à Saint-Pierre-de-Montsort, faubourg d'Alençon. Amené dans la capitale par une suite de circonstances toutes providentielles, il y a été, comme malgré lui, placé à la tête de la paroisse de Saint-François-Xavier, dite des Missions étrangères, le 27 décembre 1819. Il s'en démet le

19 septembre 1830. En la quittant, il y laisse de saintes œuvres établies [1], et il emporte avec lui les regrets de ses paroissiens. Tel est le pasteur que reçoit l'église de Notre-Dame des Victoires au mois d'août 1832.

II

Il ne faut pas beaucoup de temps à M. Des Genettes pour prévoir que son ministère sera privé de consolations et semé de difficultés. L'état moral de sa paroisse l'afflige; il s'attriste de la solitude de son église; il ne peut supporter le dénûment où il la voit réduite : « tout dans cet édifice atteste l'indifférence de la population. »

Le pieux pasteur a mis son espérance dans la prière; il redouble de zèle et d'ardeur. Quatre années se passent, tout est inutile. « Alors le découragement entre dans son âme; il s'accuse lui-même devant Dieu de son insuccès; il songe dans son humilité à céder la place à un plus digne [2]. » Déjà il a fait une première tentative auprès de Mgr de Quélen, son archevêque, pour se démettre de ses fonctions; il est décidé à en faire une seconde, quand ses résolutions sont tout à coup changées.

III

Voici ce qui se passa. Le 3 décembre 1836, fête de saint François Xavier, à neuf heures du matin, M. Des Genettes commençait la messe à

---

1. Entre toutes les œuvres opérées alors par M. Des Genettes, il importe de signaler la fondation de la Maison des Orphelines, dite de la Providence.
2. *Vie de M. Des Genettes*, par M. l'abbé de Valette.

l'autel de la Sainte-Vierge, devenu depuis l'autel de l'Archiconfrérie. Dès les premières paroles du psaume *Judica me*, une pensée se présente à son esprit : l'inutilité de son ministère dans sa paroisse. Cette pensée ne lui était point étrangère ; il n'avait que trop d'occasions d'en réveiller le souvenir ; mais en ce moment, elle le frappe plus vivement qu'à l'ordinaire. Comme ce n'est ni le lieu ni le temps de s'en occuper, il fait tous ses efforts pour l'éloigner de son esprit. Il ne peut y parvenir. Continuellement il lui semble entendre une voix venant de son intérieur, elle lui répète : *Tu ne fais rien, ton ministère est nul ; vois, depuis quatre ans que tu es ici, qu'as-tu gagné ? tout est perdu, le peuple n'a plus de foi. Tu devrais par prudence te retirer.* Après avoir récité le *Sanctus*, le saint prêtre, tout effrayé de se voir ainsi poursuivi par cette pensée de découragement jusqu'au moment suprême du sacrifice, s'arrête quelques instants pour se remettre, et élevant les yeux et le cœur vers la croix de l'autel : « Mon Dieu, dit-il, délivrez-moi de cette malheureuse distraction ! » A peine a-t-il achevé cette prière, qu'une voix, dont le son ne frappe point son oreille, mais qui semble retentir au fond de lui-même, lui fait entendre avec solennité ces paroles : *Consacre ta paroisse au très-saint et immaculé Cœur de Marie.* Et soudain la pénible préoccupation qui l'agitait tout à l'heure disparaît ; un calme parfait lui est rendu, et il achève le saint sacrifice avec sa dévotion accoutumée.

En faisant son action de grâces à la sacristie, le souvenir de la préoccupation qu'il a eue à l'autel lui revient à la mémoire. Il veut s'y soustraire et poursuivre sa prière commencée. Mais voilà que ces mêmes paroles se font entendre à lui de nouveau et plus distinctement encore que la première fois : *Consacre ta paroisse au très-saint et immaculé Cœur de Marie.* Il n'est plus possible de douter. Le saint curé ne peut s'empêcher de reconnaître qu'il y a là quelque chose d'extraordinaire et de mystérieux. Il sort de l'église et gagne sa demeure, espérant se distraire de l'émotion dans laquelle il se trouve, et craignant de céder à une illusion. Mais les paroles entendues se présentent sans cesse à son esprit. De guerre lasse, il prend une plume et essaie de rédiger un projet de règlement pour une association en l'honneur du saint Cœur de Marie. Aussitôt le sujet s'éclaircit et les statuts de la nouvelle Confrérie se trouvent élaborés en quelques heures : ce sont encore ceux que nous possédons.

IV

L'Archiconfrérie venait de prendre naissance, sinon dans son existence canonique, du moins dans le cœur de M. Des Genettes et dans le code des règles et des prescriptions par lesquelles Dieu voulait la conduire. Du reste, elle ne tarda pas à avoir son existence canonique.

Sept jours après, le 10 décembre, les *statuts* sont soumis à Mgr de Quélen, archevêque de Paris. Le pieux prélat, dont la tendre dévotion envers Marie Immaculée est connue de tous, les approuve, et permet que la première réunion de la nouvelle Confrérie ait lieu le lendemain, troisième dimanche de l'Avent [1]. Une assistance plus nombreuse que toutes celles que M. Des Genettes avait vues jusque-là dans son église, se trouve à cette réunion. La nef est presque remplie ; et la plupart de ceux qui sont là ne peuvent se rendre compte du motif qui les a

---

1. L'acte authentique de l'Erection épiscopale de la Confrérie ne devait être délivré que six jours après, le 16 décembre.

amenés. Le zélé curé fait une courte exhortation, et l'on chante les litanies de la Très-Sainte Vierge. A l'invocation : *Refuge des pécheurs, priez pour nous !* toute l'assemblée tombe à genoux spontanément et répète, par trois fois, ce cri de détresse poussé vers Marie, au nom de tous les pécheurs de la terre. En proie à une émotion inexprimable, M. Des Genettes, lui aussi, se jette au pied de l'autel, et dès que les litanies sont achevées, les larmes aux yeux, le regard fixé vers la statue de N.-D. des Victoires, il pousse cette exclamation :

« O bonne Mère ! vous les avez entendus ces cris de la confiance et de l'amour ; vous les sauverez ces pauvres pécheurs qui vous appellent leur mère ! Adoptez cette pieuse Association. » Puis, avec ce sentiment de sainte assurance et de foi qui anime les saints et opère des merveilles, il ajoute : « O Marie, donnez-moi pour gage de cette adoption la conversion de M. Joly. J'irai demain chez lui en votre nom. »

M. Joly était un ancien ministre de Louis XVI. Agé de plus de quatre-vingts ans, aveugle, malade depuis plusieurs mois, il était l'objet de toutes les saintes préoccupations du curé. Hélas ! le pauvre vieillard avait bien besoin que son pasteur s'occupât de son âme ; lui, n'y songeait guère. Perverti dans sa jeunesse par les fausses doctrines des prétendus philosophes du XVIIIe siècle, enivré plus tard par les applaudissements du monde où il jouait un grand rôle, il avait abjuré tout principe religieux. Du reste, malgré son âge avancé, ses facultés intellectuelles n'avaient subi aucune altération. Plusieurs fois, M. Des Genettes, désireux de ramener M. Joly aux pensées chrétiennes de son enfance et de le préparer à paraître devant Dieu, s'était présenté à son hôtel. On lui en avait toujours refusé l'entrée.

Tel était l'homme dont le saint curé osait demander publiquement la conversion, le soir de

Autel de l'Archiconfrérie, le 11 décembre 1836.

l'inauguration de sa Confrérie. La suite montra bien qu'il n'y avait point d'exagération dans cette hardiesse inspirée par une filiale confiance en Marie. Le lendemain, 12 décembre, M. Des Genettes se présente de nouveau chez M. Joly. Celui-ci refuse de le recevoir. M. Des Genettes insiste, il dit qu'il a besoin de lui parler. A force d'instances, le curé est introduit. Après quelques mots de simple politesse échangés entre le pasteur et le vieillard : « Monsieur le curé, dit tout à coup M. Joly d'une voix émue, depuis que vous êtes auprès de moi, je goûte une paix, un calme, une joie intérieure que je n'ai jamais connus. Que votre visite me fait du bien! donnez-moi votre bénédiction. » Tout ému à son tour, M. Des Genettes se lève et bénit le pauvre aveugle. Il ne fut pas difficile de faire entendre la parole du salut à cette âme sur laquelle la grâce de Dieu exerçait déjà une si visible influence. Le curé ne quitta le malade qu'après avoir commencé à entendre sa confession. La conversion était entière et sincère. Elle devait se couronner les jours suivants par la réception des sacrements. M. Joly vécut encore quatre mois, jusqu'au 10 avril 1837. Tous les jours qui s'écoulèrent depuis le 12 décembre furent marqués par de nouvelles bénédictions. L'heureux converti en faisait un saint usage : sa foi généreuse, la douce confiance qu'il avait en la Providence, son repentir, son amour de Dieu, sa soumission à ses volontés, édifiaient tous ceux qui l'approchaient.

Que ce 12 décembre est glorieux pour l'Archiconfrérie! quelle place ne doit-il pas occuper dans son histoire! — Si le 3 décembre, cette sainte Œuvre a pris naissance, si le 10 elle a été investie du droit de vivre par la sanction de l'autorité, si le 11 elle a fait entendre son premier bégaiement, le 12 elle a reçu le témoignage authentique de la protection du Ciel. Et dans la merveille réalisée en sa faveur, se trouve manifesté le caractère de son action dans le monde : la conversion des pécheurs ; et cette première grâce devient pour le pasteur et pour tous les fidèles l'augure de toutes les bénédictions qu'elle a droit d'attendre de Celle qui peut tout au ciel et sur la terre.

Sans doute la pieuse Association n'est encore qu'un petit grain de senevé. Mais attendons. « Ce grain va germer ; il en sortira une faible plante qui bientôt deviendra un grand arbre dont les branches couvriront toute la terre, et à l'ombre duquel viendront se reposer tous ceux qui, fatigués, oppressés ou malades des langueurs du péché, y trouveront le rafraîchissement et le remède à leurs blessures. »

L'ouverture du registre d'inscription se fit le 12 janvier 1837. Dix jours après, deux cent quatorze Associés étaient inscrits, presque tous habitants de la paroisse : c'était beaucoup plus qu'on eût osé espérer.

V

Mais s'il faut du temps à la graine qui a commencé à germer sa tige pour devenir un arbre, combien n'en faut-il pas davantage aux plantes de l'ordre moral, qui sont les œuvres, pour donner leur fruit ! Les orages, les vents et toutes les intempéries des saisons semblent quelquefois vouloir paralyser les efforts de la nature dans le développement du jeune arbre ; sur le berceau des saintes œuvres se déchaîne la tempête des contradictions. Ceux qui les ont fondées ou qui les dirigent ne doivent ni s'étonner ni se décourager. « La contradiction, c'est le baptême de toutes les œuvres divines ! »

L'Archiconfrérie devait rencontrer cette épreuve. A peine a-t-elle été signalée, à peine son nom est-il connu, que la raillerie aiguise ses armes contre elle. « Qu'est-ce que cette nouveauté? dit-on ; elle ne pourra tenir. » Le prêtre vénérable qui l'a fondée est surtout en butte aux traits de la calomnie et du sarcasme. Pour les uns c'est un ambitieux, pour les autres un intrigant et un imposteur. Les plus indulgents le traitent de visionnaire.

Par suite de ces propos malveillants et des tristes effets que la raillerie exerce toujours sur les masses, les exercices de la Confrérie, si fréquentés aux premières réunions, voient le nombre des assistants diminuer peu à peu. L'autel de l'Archiconfrérie n'était plus entouré le soir que d'une cinquantaine de personnes. Pendant plusieurs mois, cet état de choses devait persévérer.

M. Des Genettes ne se déconcerta pas. Sa profonde expérience des secrets de Dieu lui faisait comprendre que c'était l'heure de l'épreuve de la Providence, le temps donné à la plante pour fortifier sa tige et épanouir ses premières feuilles. « L'Association, se plaisait-il à dire, fait la guerre à Satan ; elle lui arrache des victimes ; il est naturel que Satan lui rende guerre pour guerre. Le perfide n'a pas trouvé de moyen plus propre à la discréditer que de calomnier son Directeur. Je ne me découragerai pas. Qu'on dise de moi tout ce qu'on voudra, peu importe : ce n'est pas de moi qu'il s'agit. Ce n'est pas ici mon œuvre, c'est celle de la Sainte-Vierge : elle saura bien la faire réussir quand même. »

VI

Du reste, malgré tous ces obstacles, l'Association de Notre-Dame des Victoires ne laissait pas de produire des fruits qui consolaient grandement son pieux fondateur. Les paroissiens devenaient plus assidus aux offices ; ils écoutaient volontiers la parole de Dieu ; ils commençaient à s'approcher des sacrements [1]. Et puis c'étaient des fidèles des paroisses voisines qui venaient prier dans le sanctuaire de la nouvelle Confrérie, et qui réclamaient comme un faveur d'être inscrits sur ses registres. Et puis encore c'étaient les nouvelles de conversions obtenues par les prières des Associés qui arrivaient de temps en temps à M. Des Genettes.

VII

A la fin de l'année 1837, la plupart des préventions étaient tombées. Les réunions des dimanches soir avaient repris l'aspect imposant qu'elles avaient au mois de décembre 1836 ; les messes du samedi, pour la conversion des pécheurs, étaient très-suivies ; de tous les coins de la France on apprenait que des pécheurs, recommandés aux prières de l'Association, se convertissaient.

M. Des Genettes, voyant ces heureux résultats, reprit un projet qu'il avait tout d'abord formé. Le saint fondateur était désireux d'enrichir son œuvre des indulgences de l'Église, et il aspirait à la voir décorée du titre d'Archiconfrérie pour toute la France : c'était le meilleur moyen de répandre jusque dans les provinces la dévotion au Cœur immaculé de Marie, et de les faire participer aux grâces et aux bénédictions que Dieu ne cessait d'accorder à la nouvelle Association. Plusieurs tentatives avaient été faites précédemment pour arriver à la réalisation de ce pieux projet : elles étaient demeurées sans succès. Des difficultés, qui surgirent alors de bien haut, sem-

---

1. En 1836 on n'avait compté que 4,600 communions ; e chiffre des communions de 1837 fut de près de 15,000.

blèrent même devoir y mettre un obstacle invincible. On avait dit qu'il ne fallait plus songer à faire de démarche ; que le Souverain-Pontife n'accorderait jamais une telle faveur.

M. Des Genettes portait en son cœur une secrète assurance qu'il en serait autrement. Et pour incliner le Ciel à se charger lui-même de faire ce que les hommes n'osaient ou ne voulaient pas faire, il multipliait ses supplications et ses bonnes œuvres, et invitait tous les Associés à prier avec lui pour une affaire de la plus haute importance.

L'heure de Dieu sonna. Le moyen dont il voulut se servir devait manifester ostensiblement que le succès était dû à une intervention toute providentielle. Une dame du plus grand monde, aussi distinguée par sa piété que par sa naissance, (pourquoi ne pas la nommer ? n'est-ce pas un devoir de gratitude ?), Mme la princesse Borghèse mère, apprend à Rome, où elle habite ordinairement, les saints désirs de M. Des Genettes et elle ne peut s'empêcher de s'apitoyer sur les difficultés qu'il a recontrées jusque-là. On lui dit qu'elle peut tout arranger, tout obtenir, en présentant elle-même la supplique du vénérable Curé et en faisant connaître au Souverain-Pontife le but de la Confrérie fondée à Notre-Dame des Victoires, et ses premiers résultats. C'était dans les derniers jours de mars 1838. La princesse se disposait à quitter prochainement la ville sainte pour venir passer quelques mois en France. Après un instant de réflexion et de prière, elle comprend qu'il y a une mission à remplir, et elle accepte de se charger de la supplique. Quelques jours plus tard, la princesse était reçue en audience par Grégoire XVI, et elle entretenait Sa Sainteté de l'Œuvre de Notre-Dame des Victoires, et lui remettait la requête de M. Des Genettes. Grégoire XVI écoute avec attention tout ce que lui dit la pieuse princesse, et, soudainement inspiré, il lui annonce qu'il exauce les désirs du bon Curé et qu'il accordera même une faveur plus grande que celle qu'il réclame, tant il approuve la pensée et le but de la sainte Œuvre dont il est le fondateur. Le 24 avril, en effet, par un bref apostolique, le Saint-Père élevait à la dignité d'Archiconfrérie l'Association érigée, le 16 décembre 1836, en l'église Notre-Dame des Victoires, sous le titre de Confrérie du très-saint et immaculé Cœur de Marie pour la conversion des pécheurs, et il lui accordait, avec les indulgences les plus précieuses [1], le privilége de s'affilier toutes les confréries établies canoniquement sous le même titre et dans le même but, non-seulement en France, mais encore dans tout l'univers, et de les faire jouir des mêmes faveurs spirituelles qui lui étaient accordées à elle-même. Le 26, le secrétaire d'Etat du Saint-Siége, l'illustre cardinal Lambruschini, adressait lui-même à la princesse Borghèse le bref apostolique, en lui disant « qu'il ne doutait pas que la sainte prodigalité dont le Souverain-Pontife venait d'user envers l'excellent curé Des Genettes ne servît au bien spirituel de beaucoup d'âmes ».

VIII

La dignité d'Archiconfrérie à laquelle le Vicaire de Jésus-Christ venait d'élever l'Association de Notre-Dame des Victoires, lui ouvrait des horizons tout nouveaux. C'était le monde entier qu'elle était appelée à parcourir, ou plutôt elle recevait la mission d'enrôler le monde entier sous la bannière de la Très-Sainte Vierge, répandant partout la dévotion au très-saint et imma-

---

1. La liste de ces indulgences se trouve au catalogue ou tableau général des indulgences de l'Archiconfrérie, brochure in-18.

culé Cœur de Marie, et se servant de cette dévotion et de ce patronage pour ravir à l'enfer et gagner au ciel tous les pauvres pécheurs de la terre.

A partir de ce moment, l'histoire de l'Archiconfrérie n'est plus, selon la belle expression de M. Des Genettes lui-même, qu'une hymne en l'honneur de l'auguste Mère de Dieu, destinée à chanter sa puissance et ses miséricordes.

Partout désormais on parlera de l'Archiconfrérie de Notre-Dame des Victoires ; partout les catholiques zélés, sans distinction de rang, de pays, de nations, voudront en faire partie : on verra des prêtres, des évêques, des cardinaux, des religieux, des puissants du siècle inscrire leurs noms sur ses registres, à côté de celui des humbles fidèles, des petits enfants. De toutes parts aussi arriveront à Notre-Dame des Victoires des demandes d'affiliation non-seulement de la France, mais de toutes les parties de l'Europe, de tous les coins du monde.

IX

Nous venons d'avouer que l'histoire de l'Archiconfrérie, depuis le 24 avril 1838, n'est qu'une hymne chantée à la puissance et aux miséricordes de Marie : c'est dire que chacune de ses pages renferme de nouveaux traits de la maternelle tendresse de cette auguste Vierge. Nous ne pouvons aborder cette histoire. Au reste, deux livres existent où on peut la lire : c'est le *Manuel*, ce sont les *Annales*. Nous devons ces beaux ouvrages à M. Des Genettes. « Il les a écrits sans aucune préoccupation littéraire, prenant la plume quand il avait quelque instant de loisir et la déposant dès que le besoin des âmes l'appelait ailleurs. Mais dans ces pages, négligées souvent quant au style, déborde le sentiment qui remplissait le cœur du saint homme. »

Mon cher pèlerin, laissez-moi vous inviter à lire ces deux livres, si vous ne les connaissez pas. Là seulement vous apprendrez à connaître M. Des Genettes et l'œuvre dont il fut l'heureux fondateur. Invinciblement vous direz: « Ce prêtre fut réellement suscité de Dieu. Il a exercé une influence considérable dans l'Église. L'œuvre qu'il a établie est sans contredit l'une des plus étonnantes, des plus merveilleuses que le XIXe siècle ait vues naître [1]. »

X

Les progrès de l'Archiconfrérie furent tels que, deux ans à peine après la publication du bref apostolique de 1838, elle s'était affilié 153 confréries particulières, et que le nombre de ses Associés, inscrits en France seulement, s'élevait à 200,000.

Le 1er octobre 1842, le chiffre de ses confréries était de 1800 en France seulement ; 322 avaient été agrégées dans les pays étrangers ; et déjà aucune des cinq parties du monde ne faisait défaut sur les registres d'affiliation.

Le 21 juillet 1849, l'Archiconfrérie se composait de 8,710 confréries particulières répandues sur toute la face du globe.

A la fin de 1854, elle en comptait 11,450, et les registres d'inscription ouverts à Paris, dans le sanctuaire particulier de l'Œuvre, renfermaient les noms de 760,400 associés, sur lesquels 374,150 hommes.

---

1. La dernière édition du *Manuel* est épuisée depuis plusieurs années. Nous en publierons prochainement les plus beaux récits dans un ouvrage intitulé : *Les merveilles de l'Archiconfrérie dans les premières années de son existence.*

A la mort de M. Des Genettes, le 25 avril 1860, 13,265 confréries ou associations étaient affiliées à Notre-Dame des Victoires, et 825,336 noms étaient inscrits sur les registres de Paris.

XI

Notre Saint-Père le Pape Pie IX, de douce mémoire, avait puissamment contribué à ces merveilleux résultats. Dès son avènement au souverain pontificat, en 1846, il manifesta ses sympathies pour l'Archiconfrérie de Notre-Dame des Victoires. Considérant avec un coup d'œil prophétique cette sainte Œuvre, Sa Sainteté dit un jour à Mgr Monnet, évêque de Pella : « L'Archiconfrérie du saint Cœur de Marie est l'œuvre de Dieu; c'est une pensée du ciel qui l'a produite sur la terre. Elle sera une ressource pour l'Eglise. » Et imitant son prédécesseur, le bien-aimé Pie IX se plut à enrichir l'Archiconfrérie de nouvelles et nombreuses faveurs spirituelles : elles ne permettent pas de douter de la sympathie toute paternelle que lui portait le saint Pontife.

L'Archiconfrérie depuis la mort de M. Des Genettes jusqu'au 1er janvier 1881.

I

NOTICE
SUR LES DEUX SUCCESSEURS DE M. DES GENETTES

M. L'ABBÉ CHANAL

Un mois après la mort de M. Des Genettes, la direction de l'Archiconfrérie et la charge de curé de Notre-Dame des Victoires furent confiées à M. l'abbé Hippolyte Chanal.

Né le 6 juillet 1801, ordonné prêtre le 9 juillet 1827, successivement vicaire à Saint-Gervais et à Conflans de 1827 à 1832, curé à Maisons-Alfort en 1833, puis à Villejuif en 1841, M. Chanal était alors curé des Invalides : un décret impérial l'avait nommé le 24 mai 1856.

Successeur de M. Des Genettes, M. Chanal avait avec lui dans son extérieur plusieurs traits de ressemblance. On se souvient encore dans la paroisse que, le jour de son installation, ce mot circulait sur son passage : « Mais.... c'est M. Des Genettes rajeuni ! »

Les vertus de ce digne prêtre l'avaient désigné au choix de Mgr Morlot. Le nouveau Curé montra tout d'abord quel trésor de sainteté renfermait son âme. On ne savait en effet ce qu'on devait plus admirer en lui, de sa profonde humilité ou de son inaltérable douceur, de sa dévotion envers Notre-Seigneur et sa très-sainte Mère, ou de son zèle ardent pour la conversion des pécheurs.

Pendant les douze années que M. Chanal demeura à Notre-Dame des Victoires, ces vertus allèrent toujours grandissant, et l'on peut dire, sans exagération, que s'il ne portait pas la réputation de grand administrateur, sa bonté, sa mansuétude et sa piété, connues de tous, étaient devenues proverbiales.

L'année 1870, on le sait, fut marquée par la guerre avec la Prusse. L'invasion du territoire français par les troupes ennemies, les désastres de notre armée, la mort de tant de braves, tous ces tristes événements étaient pour M. Chanal autant de sujets de douleur et un perpétuel motif d'expiation. Il ne cessait de prier dans ce but à l'autel de Marie, et il suppliait les Associés de faire de même.

De plus terribles malheurs étaient réservés à l'année 1871. En quelques semaines, la Commune allait amonceler plus de ruines, dans la capitale, que n'en avait jamais laissé après elle aucune invasion étrangère. Partout on cherchait les prêtres : plusieurs étaient spécialement désignés. Les amis de M. Chanal, dès qu'ils comprirent le danger dont il était menacé, l'invitèrent à quitter son presbytère et sa paroisse.

Il s'éloigna, les larmes aux yeux, de sa chère église. Le bon vieillard avait cru en sauver les principales richesses, en les faisant enfouir dans un des caveaux. Son imprudente bonhomie le trompait : c'était livrer ces trésors à ceux-là mêmes auxquels on les voulait soustraire.

Tout le monde sait ce qui arriva. Au mois de mai 1871, l'église de Notre-Dame des Victoires fut l'objet de la plus odieuse profanation. Le mercredi 17, veille de l'Ascension, sur les cinq heures de l'après-midi, elle était envahie par le 159e bataillon des fédérés que conduisait le citoyen Le Moussu, commissaire de police central; le surlendemain, la légion des enfants perdus, dits vengeurs de Flourens, succédait au 159e; puis c'était le tour du 125e des fédérés. Bref, huit jours durant, du 17 au 24 mai, l'église fut continuellement occupée par les uns ou les autres de ces misérables, et pendant ces huit jours, les scènes les plus horribles de pillage et de dévastation, et des orgies de toutes sortes ne cessèrent de s'y renouveler.

Il laissèrent, en se retirant, notre béni sanctuaire dans le plus épouvantable état qui se puisse supposer. Plus un seul objet du culte nulle part, plus le moindre ornement : lampes, chandeliers, cœurs, croix d'honneur, tout avait disparu. Les autels et les confessionnaux étaient renversés; des tabernacles et des reliquaires brisés gisaient à terre pêle-mêle; les pierres descellées des caveaux montraient leurs ouvertures béantes; de tous côtés, de larges dalles arrachées du sol indiquaient la place des fouilles, qu'on avait partout pratiquées, dans l'espérance de trouver des trésors.

Quant à la chapelle de l'Archiconfrérie, ce n'était plus qu'un amas de décombres, au milieu duquel on apercevait une espèce de gouffre. Là s'était épuisée, avec un plus cynique acharnement, la rage des forcenés, et sur la châsse de sainte Aurélie et sur la précieuse dépouille de M. Des Genettes.

L'heure de la délivrance sonna le 24 mai. M. Chanal rentrait quelques jours après dans sa paroisse. Le samedi soir, 3 juin, veille de la fête de la Sainte-Trinité, muni des pouvoirs de l'autorité diocésaine, en présence du clergé et des membres de la fabrique présents à Paris, il réconciliait solennellement l'église souillée par toutes les profanations que nous avons décrites. Après la cérémonie, le Sous-Directeur se dirigea vers la grille extérieure du monument, derrière laquelle se tenait une foule compacte et recueillie, et il annonça que le saint temple réconcilié allait être de nouveau rendu au culte. Toutefois, il ajoutait que l'heure avancée et la nécessité d'achever promptement les travaux de première réparation ne permettraient pas aux fidèles de satisfaire, dès ce soir-là, leur piété. Ils devaient attendre jusqu'au lendemain : les offices reprendraient, dès le matin, leur cours accoutumé.

Cette nouvelle, dit le procès-verbal de la cérémonie, fut un grand sujet de joie pour toute cette pieuse multitude; elle excita, parmi nos Associés surtout, comme un transport d'allégresse. On va nous rendre Marie! Nous allons retrouver notre Mère! Tel était le sens de cette explosion unanime et subite d'un même sentiment, exprimé par un murmure approbateur. Et tous, d'un élan spontané, se prosternèrent à genoux, et récitèrent à haute voix le *Memorare* et l'*Ave Maria*.

Le lendemain, dès l'aurore, de nombreux fidèles encombraient les abords de Notre-Dame des Victoires; les portes leur en étaient ouvertes à 6 heures. Peu après commençait la première messe. On manquait de beaucoup de choses, les sacristies ayant été entièrement pillées : toutefois, grâce à l'initiative des employés et de pieux habitants de la paroisse, le service de la journée put se faire avec quelque décence.

Le soir, il y eut réunion des Associés à la chapelle de l'Archiconfrérie. On dissimula du mieux qu'on le put, sous quelques lambeaux de draperie, les dégradations dont cette chapelle, et l'autel surtout, portaient partout les traces. Comme aux plus beaux jours des temps passés, la foule débordait de toutes parts; une visible émotion se lisait dans tous les yeux; un céleste enthousiasme animait les chants et toutes les prières; on sentait que, dans cet immense auditoire, il n'y avait que de vrais enfants de Marie, désireux de témoigner à leur Mère, par leur empressement et par leur ferveur, que leur cœur n'avait point changé pour elle, qu'ils protestaient contre les attentats commis dans son sanctuaire, et qu'ils venaient les réparer, autant du moins qu'il dépendait d'eux.

Au moment où les fédérés s'étaient emparé de Notre-Dame des Victoires, le 17 mai, M. l'abbé Le Rebours, ancien vicaire général de Paris, actuellement curé de Sainte-Madeleine, descendait de chaire. Par une heureuse coïncidence, c'était à lui aussi qu'était réservé l'honneur de renouer la chaîne, un moment interrompue, de nos conférences du dimanche soir. Il s'acquitta de cette mission avec une noble et éloquente simplicité. Évoquant le souvenir des événements qui s'étaient succédé depuis dix mois, il rappela comment Notre-Dame des Victoires était pour tous, durant l'invasion étrangère, un signe de ralliement et d'espérance ; comment, pendant le règne sacrilége de la Commune, au milieu de la capitale désolée, il avait plu à Dieu de faire de Notre-Dame des Victoires un précieux oasis ; comment tous les cœurs avaient été oppressés, depuis le jour néfaste où les habitués du sanctuaire s'en étaient vus indignement chassés. Puis, montrant à tous les traces des odieuses profanations qu'on découvrait partout dans le saint temple, il invita son auditoire à se mettre à l'œuvre, pour lui rendre son ancienne splendeur, et glorifier ainsi Marie, comme elle-même sut glorifier l'auguste Trinité, en réparant, en union avec son divin Fils, les désastres du péché dans le monde.

Durant cette soirée, M. Chanal ne cessa point de pleurer aux pieds de Marie. Il comprenait que c'était à lui de réparer les désastres et les spoliations dont le sanctuaire de l'Archiconfrérie était la victime. La tâche était difficile, au-dessus même de ses forces. Depuis longtemps le vénérable vieillard se sentait fatigué et considérait avec un véritable effroi ses laborieuses fonctions, dans la crainte de n'être plus en état de suffire à toutes leurs exigences : les douloureux événements qui venaient de s'accomplir, en frappant son cœur d'un coup mortel, augmentèrent considérablement ses appréhensions. Dès lors il se décida à demander à Mgr l'Archevêque d'agréer sa démission. Mgr Guibert répondit à cette démarche, où l'humilité et l'abnégation de M. Chanal se révélaient tout entières, en le nommant chanoine titulaire.

Il en coûta beaucoup au pieux serviteur de Marie de quitter, et cette fois sans espérance de retour, son béni sanctuaire. Il en fit la confidence à plusieurs amis. La pensée qu'il retrouverait dans la métropole l'image bien-aimée et le vocable de la Sainte-Vierge le consolait. Et puis surtout, il entrevoyait avec bonheur la mission exclusive, qui allait lui être confiée, de prier au nom de l'Eglise et pour ses intérêts sacrés. C'était, tout en s'éloignant de l'Archiconfrérie, en continuer les saintes fonctions, et réaliser d'une manière parfaite sa pensée la plus intime. Son installation eut lieu le 28 février 1872.

Dieu sait avec quelle ferveur le nouveau chanoine désirait s'acquitter de sa mission. Hélas ! pour le bien des pécheurs et pour l'édification de ses pieux confrères, il dut bientôt l'interrompre. Ses forces diminuaient sensiblement; peu de mois après son installation, il se vit forcé de renoncer à paraître au chœur. Après deux années de lente agonie, sans douleur et sans effort, avec le calme du juste et la ferme confiance du chrétien, il rendit son âme à Dieu, le dimanche soir, 11 juillet 1875.

M. L'ABBÉ CHEVOJON

Après l'installation de M. Chanal parmi les membres du chapitre métropolitain (28 février 1872), l'église de Notre-Dame des Victoires demeura sans pasteur pendant trois mois. Durant cette période, plusieurs nominations furent faites : d'impérieuses raisons ne permirent pas à ces premiers élus d'accepter le poste que leur offrait l'autorité diocésaine. Sans doute, l'auguste Vierge ne voulait pas manifester tout d'abord celui qu'elle appelait à son sanctuaire privilégié. A la fin de mai, Notre-Dame des Victoires recevait enfin pour curé M. l'abbé Louis Chevojon : sa nomination fut accueillie partout avec une satisfaction sympathique.

Mon cher pèlerin, vous êtes naturellement désireux de connaître quelques détails de l'existence de ce nouveau directeur de la grande Archiconfrérie. Vous aurez tout à l'heure peut-être le bonheur de le rencontrer dans son église, de le voir à l'autel de Marie célébrer le saint sacrifice, d'entendre sa parole à l'une des réunions, d'échanger quelques mots avec lui à la sacristie, de recevoir sa bénédiction : je comprends votre légitime curiosité ; je vais vous satisfaire brièvement.

M. l'abbé Chevojon est né le 19 juillet 1820, à Seurre, dans la Côte-d'Or. Il a fait de brillantes études littéraires au Petit-Séminaire de Paris. C'est à Paris également, au Grand-Séminaire de Saint-Sulpice, qu'il a suivi ses cours de théologie. Ordonné prêtre le 30 mai 1847, il fut peu après envoyé comme vicaire à Saint-Roch. M. Pététot, alors curé de cette paroisse, lui confia les Catéchismes de persévérance et de première Communion et le chargea de faire des Conférences religieuses pour les jeunes gens. Il s'acquitta de ce double ministère avec grand succès. Deux charmants petits volumes, le *Manuel* et la *Perfection de la jeune fille*, publiés à cette époque, sont restés comme un souvenir et un véritable résumé des enseignements du zélé catéchiste de Saint-Roch. — En 1857, après une longue attente, l'église de Sainte-Clotilde était enfin ouverte au culte. L'abbé Chevojon y fut envoyé en qualité de deuxième vicaire. Il y demeura jusqu'en 1863. Plusieurs prédications importantes signalèrent pour lui ces six années : entre les autres, il est juste de mentionner un magnifique panégyrique de Jeanne d'Arc, prononcé en 1858 à Orléans. — Premier vicaire à Saint-Denis du Saint-Sacrement en 1863, M. Chevojon était nommé en 1868 curé de Saint-Ambroise. A ce moment, la ville de Paris faisait achever la splendide église que possède aujourd'hui le quartier Popincourt. Un an à peine après son installation, le nouveau Curé fermait l'ancienne église qu'on allait démolir, et prenait possession de la nouvelle. Fournir à son premier ameublement et la doter d'un appareil complet de gaz furent, sous le rapport matériel, ses principales œuvres durant les années 1869 et 1870. Sous le rapport moral, son zèle ne se dépensait pas moins : le soin des catéchismes de la paroisse, l'instruction religieuse dans les écoles, des prédications de toutes sortes, tel était l'objet constant de ses pensées et de son action sacerdotale.

Comme M. Chanal, M. Chevojon eut beaucoup à souffrir de la Commune. Après de nombreuses perquisitions faites, le jour et la nuit, dans son église et dans son presbytère, averti par des amis qu'il était désigné comme otage, il dut s'éloigner un moment de sa paroisse. Quand il y revint, Saint-Ambroise n'était plus qu'un arsenal de guerre : les fédérés y avaient réuni cent barils de poudre et de pétrole et trente mille cartouches. Encore la petite basilique n'échappa-t-elle que par miracle à l'incendie. Au moment de l'entrée des troupes régulières, un fédéré, exalté par l'ivresse, cherchait à pénétrer dans les sacristies, un révolver à la main ; il criait qu'il venait, par ordre, mettre le feu au pétrole. Heureusement, sur son passage, se trouva un honnête citoyen, qui, bien que vêtu du même costume, conservait encore quelque sentiment d'équité et de justice.

Nommé à Notre-Dame des Victoires, dans le courant de mai 1872, M. Chevojon fut installé le 30 du même mois : il célébrait, ce jour-là, le 25e anniversaire de son ordination au sacerdoce. La cérémonie fut présidée par M. Langénieux, alors archidiacre de l'église de Paris, aujourd'hui archevêque de Reims. Dans une éloquente allocution, l'archidiacre résuma à grands traits les gloires de l'église Notre-Dame des Victoires et de l'Archiconfrérie, et la large part que M. Des Genettes et M. Chanal avaient eue au développement de notre sainte Œuvre ; puis, évoquant les douloureux souvenirs de 1871 et les désastres accumulés par la Commune, il salua dans le nouveau Curé l'heureux élu de la Providence, destiné à réparer les ruines matérielles du sanctuaire, tout en continuant la grande œuvre religieuse commencée par ses prédécesseurs. Ce qu'avait fait l'ancien pasteur de Saint-Ambroise annonçait ce qu'on devait attendre de lui dans l'avenir.

On sait aujourd'hui comment ces espérances si justement conçues ont été réalisées. Par l'intelligente et persévérante initiative de M. Chevojon, non-seulement toutes les traces du vandalisme de 1871 ont disparu de notre sanctuaire, mais encore une splendeur qu'il ne connaissait pas auparavant, même en ses plus beaux jours, lui a été donnée.

Nous aurons à signaler, durant notre visite à travers l'église, les détails de cette œuvre de restauration. Disons seulement ici qu'elle a embrassé l'édifice tout entier. Les sous-sols ont reçu des améliorations qui en ont doublé l'importance ; aux fenêtres anciennes ont été substitués des vitraux dont une des principales séries raconte les grands mystères de la vie de la Très-Sainte Vierge ; le long de la nef et du chœur, circule tout un ingénieux système luminaire : à un moment donné, aux fêtes de Noël par exemple, l'édifice peut être éclairé par neuf cents becs de gaz ; les dix mille ex-voto qui couvrent les murs et les piliers ont été disposés de telle façon qu'ils présentent aujourd'hui l'aspect d'un magnifique revêtement de marbre ; dans toutes les chapelles, quelque utile travail a été exécuté : plusieurs ont été entièrement refaites depuis le rétable de l'autel jusqu'aux grilles d'acier fondu qui les entourent. Mais c'est surtout dans la chapelle de l'Archiconfrérie, ainsi que nous aurons occasion de le remarquer bientôt, que se sont concentrées les pieuses prodigalités d'ornementation, dont le digne pasteur voulait doter le sanctuaire à la garde duquel il a été préposé.

Si l'action du Directeur actuel de l'Archiconfrérie a été aussi efficace pour la restauration du sanctuaire, elle n'a pas été moins grande sous un rapport bien autrement important : celui qui atteint les âmes. La parole de l'ancien conférencier de Saint-Roch n'a rien perdu de sa force et de sa valeur; nos Associés et les nombreux fidèles qui fréquentent nos messes du samedi savent quel bien a déjà produit, et produit tous les jours encore, cette chaleureuse et sympathique parole [1].

Parmi les grandes joies que réservait la Sainte-Vierge à M. Chevojon, comme Directeur de l'Archiconfrérie, nous en devons signaler une qui a laissé dans son âme une profonde impression. C'est le voyage qu'il a fait à Rome en 1874. Deux fois, depuis M. Des Genettes, le Sous-Directeur avait été envoyé dans la ville sainte pour y régler des affaires pressantes; mais jamais le Directeur n'y était allé en personne. Aussi Pie IX devait-il avoir, en cette circonstance, des tendresses de bonté exceptionnelles.

Un jour grandement honorable aussi pour l'administration de M. Chevojon, fut celui du

---

1. M. Chevojon est aussi poëte : on lui doit de fort beaux cantiques. Nous devons indiquer ici deux des plus connus de ces cantiques, parce qu'ils ont été composés tout spécialement : l'un à l'honneur de Notre-Dame des Victoires, l'autre pour l'Archiconfrérie. Ils portent pour titre le premier : *Dans ton Sanctuaire;* le second : *O bonne et tendre Mère.*

22 octobre 1876. En 1853, le pape Pie IX, désireux de manifester sa dévotion envers Notre-Dame des Victoires, lui avait envoyé deux magnifiques couronnes d'or, ornées de diamants et de pierres précieuses. On les estimait 70,000 francs. Dans la dévastation de l'église en 1871, des mains sacrilèges dérobèrent ces deux trésors dus à la pieuse libéralité du Pontife. En 1876, de généreux Associés songèrent à les remplacer par de nouvelles couronnes. Une souscription fut ouverte : on apporta de toutes parts des pierres précieuses. Les présents étaient prêts pour le 22 octobre. Ce jour était merveilleusement choisi : on y célébrait la fête même de Notre-Dame des Victoires. Mgr Méglia, nonce du Saint-Père à Paris, fut invité à la cérémonie du soir, et ce fut lui qui bénit les deux nouvelles couronnes de la Vierge et de l'Enfant-Jésus.

II

MODIFICATIONS IMPORTANTES POUR L'ADMINISTRATION DE L'ARCHICONFRÉRIE DUES A MGR MORLOT

Mgr Morlot ne s'était pas contenté de donner un successeur à M. Des Genettes ; Son Eminence voulut aussi revoir les statuts de l'Archiconfrérie, et il y apporta quelques modifications. Jusque-là, le Directeur général avait choisi lui-même son Sous-Directeur. Il fut statué dans un article spécial, que le Sous-Directeur serait nommé par Mgr l'Archevêque de Paris. Ses attributions furent aussi déterminées d'une manière plus précise, et une plus large importance lui fut donnée dans l'administration de l'Œuvre.

Le 25 août 1860 eut lieu la nomination du nouveau Sous-Directeur. Cette fonction fut confiée par Mgr Morlot à M. Dumax, précédemment vicaire à la Sainte-Trinité. Il demeura dans cette charge jusqu'au 10 janvier 1867.

Ses successeurs ont été : M. Delacroix, de janvier 1867 à octobre 1871 ;

M. Laurent Amodru, du mois d'octobre 1871 à juillet 1872 ;

M. Coullié, de juillet 1872 au mois d'août 1874. Trois ans plus tard, M. Coullié devait devenir coadjuteur d'Orléans.

Au départ de M. Coullié, M. Dumax, fut rappelé à la sous-direction de l'Archiconfrérie et nommé en même temps premier vicaire de la paroisse. C'est lui encore qui exerce actuellement ces deux fonctions.

*
* *

Par suite de l'augmentation des attributions du Sous-Directeur, dans le courant de septembre 1860, des frères de la Sainte-Famille de Belley furent appelés, pour l'aider, au secrétariat de l'Archiconfrérie. Ces religieux n'ont pas cessé depuis de remplir les mêmes fonctions avec un dévouement digne de tout éloge.

Le premier des frères de la Sainte-Famille qui ait été attaché à l'Archiconfrérie y a laissé de bien précieux souvenirs : on l'appelait le bon et pieux frère Dorothée. Nous avons eu la douleur de le perdre le 22 août 1866. L'*Echo* de Notre-Dame des Victoires lui a consacré des pages qui sont un juste tribut de reconnaissance. (*Bullet.* d'août 1866.)

*
* *

Une modification non moins importante fut faite quelques semaines après par le pieux Cardinal, dont la sollicitude pour l'Archiconfrérie n'échappait à personne. Cette nouvelle amélioration avait pour but de faciliter l'administration de cette grande Œuvre, et de dégager de toute responsabilité le Directeur et le Sous-Directeur.

Par une ordonnance du 20 décembre 1860, Monseigneur statua qu'un conseil ou comité serait chargé de l'administration temporelle de l'Archiconfrérie, sous la présidence de M. le Vicaire général, archidiacre de Notre-Dame.

Par suite de cette ordonnance, le comité fut ainsi composé le 20 décembre 1860 :

Président : Mgr Buquet, alors vicaire général de Paris et archidiacre de Notre-Dame.

Membres : M. l'abbé Chanal, curé de Notre-Dame des Victoires; M. l'abbé Gaudreau, chanoine de la métropole; M. le comte de Germigny, sénateur, gouverneur honoraire de la Banque de France, président du conseil de la fabrique de Notre-Dame des Victoires; M. Mont de Benque, secrétaire du Conseil général de la Banque de France, président du bureau des marguillers de la paroisse; M. l'abbé Dumax, sous-directeur général de l'Archiconfrérie.

Les fonctions de trésorier du comité furent confiées à M. de Benque; celles de secrétaire au Sous-Directeur.

Sous la direction de ce comité, et grâce à la paternelle initiative de Mgr Morlot, durant l'année 1861, une complète révision fut faite des règlements particuliers de l'Archiconfrérie, et les plus importants d'entre eux, ceux qui concernent les messes et les ex-voto, furent soumis à l'approbation de S. S. Pie IX. Le Sous-Directeur fut envoyé à cet effet à Rome, dans les derniers mois de 1861. Il devait renouveler ce voyage en 1865, dans un but analogue. Les plus précieux résultats couronnèrent ces deux voyages, faits au nom de M. Chanal et du comité.

Un moment interrompu, à la suite des calamités de 1871, le comité de l'Archiconfrérie fut rétabli, deux ans après, dans ses anciennes attributions.

Présentement, en vertu d'une nouvelle ordonnance de S. Em. le cardinal Guibert, archevêque de Paris, il est ainsi constitué :

M. l'abbé La Garde, archidiacre de Notre-Dame, président ;

M. l'abbé Petit, vicaire général de Paris et chanoine de la métropole ;

M. l'abbé Chevojon, curé de Notre-Dame des Victoires, directeur général de l'Archiconfrérie ;

M. de Mont de Benque, Secrétaire du Conseil général de la Banque de France, membre du conseil de la Fabrique ;

M. l'abbé Dumax, sous-directeur général de l'Archiconfrérie ;

M. l'abbé Vancamelbeck, trésorier de l'église Notre-Dame des Victoires.

*
* *

Une dernière amélioration, due encore à Mgr Morlot, date du mois de décembre 1862. Elle eut pour objet d'appeler deux religieux de la Congrégation des PP. Maristes à Notre-Dame des Victoires, et de leur confier le soin de confesser les pèlerins.

Le Bulletin mensuel de l'Œuvre, après avoir annoncé cette heureuse innovation, ajoutait :

« Puisse cette sage mesure réaliser les pieux résultats que s'est proposés l'autorité diocésaine ! Puisse Notre-Dame des Victoires, comme dans les plus beaux jours de l'Archiconfrérie, être toujours le bienfaisant refuge où les âmes pécheresses et repentantes viendront de partout décharger le lourd fardeau de leurs fautes ; le sanctuaire privilégié où les âmes innocentes et justes trouveront lumière, force et conseil, où les âmes affligées et malheureuses seront toujours sûres d'entendre une parole amie, de recevoir un paternel encouragement ! »

De fait, le bien qui est résulté de cette institution est incalculable.

Depuis 1871, la fonction de confesseurs des pèlerins est confiée, par Mgr l'Archevêque, à des prêtres du clergé de Paris : ils portent le titre de chapelains de Notre-Dame des Victoires. Ceux qui actuellement exercent cet important ministère sont MM. Nicolle, Leclère et Bruneau.

III

VIE INTIME ET PROGRÈS DE L'ARCHICONFRÉRIE DEPUIS LA MORT DE M. DES GENETTES.

La vie intime de l'Archiconfrérie se résumait, sous son bien-aimé fondateur, nous l'avons dit déjà, « en une hymne chantée à la puissance et à la miséricorde de Marie ». Depuis la mort du saint Curé, l'hymne à chanter n'est ni moins glorieuse ni moins touchante, c'est-à-dire que les faits et les récits, qui la doivent inspirer, sont aussi multipliés, aussi merveilleux que dans les premières années de l'Œuvre.

Lisez, mon cher pèlerin, la suite des *Annales ou Echo de Notre-Dame des Victoires*, feuille mensuelle qui parut de 1863 à 1867, et les *Nouvelles Annales* publiées depuis 1868, et vous serez forcé d'avouer qu'on ne vous trompe pas.

Toutes ces pages ont été inspirées, je vous l'assure, par un sincère amour de la vérité, et elles ont été écrites avec la plus loyale franchise. Aussi ont-elles plus d'une fois ému des hommes, bien indifférents d'ailleurs à notre sainte religion, et fait tomber des larmes de leurs yeux. Plusieurs même ont été amenés par cette lecture à frapper leur poitrine, et à retrouver le chemin du confessionnal.

* *

Quant aux progrès que cette sainte Œuvre a réalisés, de 1860 à 1881, il suffit pour les carac-

.tériser, d'indiquer le nombre des Confréries particulières qu'elle s'est affiliées, et celui des Associés qu'elle a inscrits sur le seul registre de Paris.

I

Le 31 décembre 1880, sur le grand registre d'agrégation de l'Œuvre, 17,833 confréries [1] de paroisses, de maisons religieuses ou d'établissements d'instruction publique, étaient mentionnées comme lui étant canoniquement affiliées, en vertu du Bref apostolique du 24 avril 1838, et d'un autre Bref daté du 26 novembre 1861 [2].

Ces confréries ne s'élevaient, à la mort de M. Des Genettes, qu'au nombre de 13,265. C'est donc une moyenne de 228 agrégations pour chacune des années qui se sont écoulées depuis le 25 avril 1860.

II

Nos confréries, éparses dans tous les coins du monde, jusque dans les missions les plus lointaines, ont chacune un registre d'admission.

---

1. Un répertoire complet de toutes ces confréries, par ordre de diocèses, a été fait tout récemment. Ce grand travail forme 6 volumes in-folio. Nous le devons au zèle d'un de nos Frères de la Sainte-Famille, le Frère Bonaventure.

2. Ce bref du 26 novembre 1861, obtenu dans le premier voyage de Rome, dont il a été parlé plus haut, a puissamment contribué à la dilatation de l'Archiconfrérie. Par ce bref, N.S. Père le pape Pie IX a daigné abroger en partie, en faveur de l'Archiconfrérie, la *Constitution* du pape Clément VIII, qui fixe les règles à suivre dans l'établissement des confréries.

D'après cette constitution, il doit y avoir entre deux confréries *ejusdem nominis et instituti* une distance de trois milles (environ cinq kilomètres). En vertu du bref

Plusieurs de ces registres contiennent jusqu'à 20,000 noms ; quelques-uns en comptent 50,000, d'autres 100,000 et plus.

Sur les registres de Paris, qui forment 41 volumes in-folio, 1,016,819 noms étaient inscrits le 31 décembre 1880.

A la mort de M. Des Genettes, 825,336 noms y figuraient. L'inscription, durant les vingt années qui se sont écoulées depuis la mort du fondateur de l'Archiconfrérie, a donc été de 191,843 noms. C'est une moyenne d'environ 10,000 associés par année [1].

M. Des Genettes avait calculé, dans les dernières années de sa vie, d'après les relations et les rapports des confréries particulières, que le chiffre général des Associés était de 20 millions environ. On pourrait porter ce chiffre aujourd'hui à 25 millions, sans craindre de se tromper.

---

apostolique du 26 novembre 1861, on peut ériger les confréries du Très-Saint et Immaculé Cœur de Marie pour la conversion des pécheurs *partout*, dans les maisons d'éducation et dans les établissements publics reconnus par l'ordinaire, pourvu qu'il y ait une chapelle ; dans les paroisses, on doit observer une distance, mais au lieu de trois milles, il suffit qu'elle soit d'un *tiers de lieue* (1,306 mètres environ).

1. On comprend que dans les premières années, alors qu'il y avait moins de centres d'association, les inscriptions aient été bien plus nombreuses sur le registre de Paris.

Principaux priviléges dont l'église de Notre-Dame des Victoires a été enrichie par les Souverains-Pontifes depuis l'établissement de l'Archiconfrérie.

I

Il était impossible que le sanctuaire où l'Archiconfrérie du Très-Saint et Immaculé Cœur de Marie avait pris naissance, où s'étaient opérés les premiers prodiges que cette sainte Œuvre ait eus à constater, et vers lequel se dirigeaient les vœux et les prières de tous les Associés, ne devînt pas célèbre.

En quelques années, l'empressement des fidèles de tous les pays à le visiter en avait fait un des lieux de pèlerinage les plus fréquentés de notre siècle.

II

Les Souverains-Pontifes, qui tiennent à honneur de discerner les sanctuaires célèbres de l'univers catholique et de les doter de richesses spirituelles, ne pouvaient non plus manquer d'abaisser leurs bienveillants regards sur Notre-Dame des Victoires.

S. S. le Pape Grégoire XVI ouvrit le premier, en sa faveur, les trésors de l'Eglise, ainsi qu'il l'avait fait pour l'Archiconfrérie. Il lui fit présent des reliques de sainte Aurélie, martyre, récemment extraites des catacombes (juillet 1842), et lui accorda diverses indulgences (Brefs du 24 avril 1838 et du 21 novembre 1845).

Le vénéré successeur de Grégoire XVI, Pie IX, dépassa de beaucoup ce Pontife par ses largesses. Concéder à l'église l'indulgence dite de la Portioncule (Rescrit du 6 juillet 1847) ; — l'affilier au sanctuaire de Lorette (3 janvier 1853) ; — faire couronner en son nom la Vierge de Notre-Dame des Victoires [1] (9 juillet 1853) ; — accorder au sanctuaire les grandes indulgences des basiliques de Rome : *l'indulgentia quotidiana perpetua (bis in mense)* (Rescrit du 22 octobre 1861) ; — l'indulgence des stations, — celle des sept autels (Brefs du 24 novembre 1865) ; — enfin permettre d'y ériger une statue du prince des Apôtres, telle qu'on la vénère à Rome, et enrichir cette statue des mêmes indulgences dont jouit celle de la basilique vaticane (Bref du 26 novembre 1861), telles sont les principales faveurs spirituelles que l'église de Notre-Dame des Victoires doit à la munificente bienveillance de Pie IX.

Faveurs exceptionnelles, qui permettent de comparer Notre-Dame des Victoires aux sanctuaires de la Très-Sainte Vierge les plus favorisés du monde chrétien, et qui ont fait dire avec raison que cette église est un rayonnement des grandes basiliques de la ville sainte, et qu'on pourrait l'appeler le sanctuaire de prédilection de Pie IX et des Papes, ses successeurs, dans la grande cité parisienne.

---

1. Cette fête du couronnement de Notre-Dame des Victoires fut un des plus grands bonheurs de la vie de M. Des Genettes. Nous ne pouvons nous y arrêter ici. (Voir au Calendrier, au 9 juillet.)

Indication de quelques chiffres d'une grande importance pour apprécier le sanctuaire de l'Archiconfrérie.

Ces chiffres sont empruntés aux archives mêmes de Notre-Dame des Victoires. Nous prenons pour la période de M. Chanal les années 1863, 1864, 1865 et 1866, qui nous sont plus particulièrement connues ; pour l'administration de M. Chevojon les six dernières années, 1880 compris. Cette statistique servira, en même temps, à constater, encore mieux que par les précédents chiffres, la vitalité et les progrès de l'Œuvre dont Notre-Dame des Victoires est devenue le centre.

*
* *

Le nombre des Associés et des Pèlerins qui visitent Notre-Dame des Victoires dépasse chaque année trois millions. Les jours ordinaires, on compte en moyenne 7 à 8,000 visiteurs ; on en compte 10,000, 15,000, 20,000, et plus, les dimanches, les jours de fête et pendant le mois de Marie.

En 1866, cinq fois on a fait le recensement des personnes entrant dans l'église, depuis six heures du matin jusqu'à neuf heures du soir. On a obtenu les chiffres suivants :

Le mardi 27 février, l'un des jours du reste les plus mauvais de l'hiver............ 6,485 pers.
Le 19 mars, fête de saint Joseph. 16,830
Le 17 mai.................,. 11,090
Le 31 mai................... 20,680
Le samedi 28 juillet (pendant toute cette journée, la pluie n'a pas

cessé de tomber depuis le grand matin).......................... 7,511

Total........... 62,596 pers.

L'expérience faite en 1866 n'a pas été renouvelée depuis; mais tous les autres chiffres obtenus, pour les années suivantes, démontrent que la moyenne de 1866 peut être maintenue, haut la main, quant au nombre des visiteurs.

*
* *

Le chiffre des communions faites dans l'église a été :

  En 1863......... de 102,000
  En 1864......... de 114,000
  En 1865......... de 120,000
  En 1866......... de 116,000
  En 1874......... de 132,000
  En 1875......... de 140,000

Depuis cette époque, ce chiffre a toujours été de 130 à 140,000.

*
* *

Chacune des précédentes années, le chiffre des messes célébrées par des prêtres étrangers au sanctuaire a été de 4,000 et 4,500. En 1867 et en 1878, à cause de l'exposition, ce chiffre a été de beaucoup dépassé.

*
* *

Des demandes de prières pour des conversions, des malades, des grâces diverses, sont tous les jours adressées à Notre-Dame des Victoires, soit par lettres, soit de vive voix : un secrétaire est en permanence à la sacristie, pour recevoir ces recommandations.

Elles se sont élevées :

En 1863,	au chiffre	de	992,968
En 1864,	—	de	1,060,262
En 1865,	—	de	1,190,654
En 1866,	—	de	1,356,608
En 1874,	—	de	1,185,386
En 1875,	—	de	1,131,521
En 1876,	—	de	1,262,507
En 1877,	—	de	1,380,617
En 1878,	—	de	1,386,469
En 1879,	—	de	1,473,653
En 1880,	—	de	1,492,942

Le *Bulletin* mensuel des *Annales* donne, dans sa statistique, le chiffre des recommandations de chaque mois.

*
* *

De quatre à six cents lettres sont, en moyenne, adressées tous les mois à M. le Directeur de l'Archiconfrérie; plusieurs fois, durant ces vingt dernières années, on a constaté en un seul mois jusqu'à 1,000 et 1,200 lettres et plus même.

*
* *

C'est un usage des pèlerins d'offrir des cierges pour les faire brûler auprès de l'autel de l'Archiconfrérie. — Le chiffre des cierges ainsi brûlés s'est élevé :

En 1863, à.	. .	225,000
En 1864, à.	. .	240,945
En 1865, à.	. .	237,972
En 1866, à.	. .	263,987
En 1875, à.	. .	275,217
En 1876, à.	. .	288,415

En 1877, à . . . 298,375
En 1878, à . . . 361,633 [1]
En 1879, à . . . 325,951
En 1880, à . . . 355,903

La moyenne est de six à huit cents cierges par jour : en certaines solennités, ce chiffre va jusqu'à 2,500 et 3,000 [2].

⁂

De nombreux *ex-voto* couvrent les murs de l'église de Notre-Dame des Victoires. Ces *ex-voto* sont des croix d'honneur, des médailles militaires, des objets précieux ; mais ce sont surtout des cœurs en or, en argent ou en bronze, et des plaques de marbre sur lesquelles se lisent des inscriptions attestant des grâces reçues. Plus de trente mille *ex-voto* sont ainsi suspendus sur les murs de l'église. Le nombre seul des cœurs dépasse 15,000. Au 31 décembre 1866, le chiffre des plaques de marbre était de 3,818. Au 31 décembre 1880, il s'élevait à 10,492.

⁂

Une seule observation, mon cher pèlerin, en terminant cette statistique. Avouez que je ne me suis pas trompé, en vous disant que ces chiffres, d'une authenticité d'ailleurs incontestable, puisqu'ils sont empruntés aux sources officielles, proclament hautement l'importance du sanc-

---

[1]. Le chiffre exceptionnel de 1878 s'explique par le grand nombre des pèlerins que l'Exposition a amenés à Paris.

[2]. Un registre *ad hoc* mentionne, jour par jour, le nombre des cierges qui ont brûlé dans l'église.

tuaire de Notre-Dame des Victoires. Il y a là, de l'aveu des hommes les moins suspects de partialité, un immense courant de piété catholique, l'un des plus extraordinaires qui se puisse voir en notre temps.

ARRIVÉE DU PÈLERIN

La Chapelle de l'Archiconfrérie.

Quelque difficulté que nous ayons eue à trouver la place des *Petits-Pères*, à travers ces rues étroites qui y conduisent, nous voilà enfin arrivés, mon cher pèlerin : nous sommes en face de *Notre-Dame des Victoires*.

Oui, la voilà cette église, dont le nom est connu jusqu'aux extrémités du monde, que tant de chrétiens aspirent à visiter.

Vous êtes étonné, n'est-ce pas, de son extérieur modeste. Je comprends votre étonnement. Mais laissez-moi vous rappeler que Dieu est le maître de ses dons; de même qu'il se plaît à choisir les âmes les plus méprisées quelquefois, selon le monde, pour opérer des merveilles : de même aussi, en se manifestant d'une manière exceptionnelle dans un sanctuaire que l'art a moins embelli, il semble vouloir faire éclater d'autant plus sa gloire aux yeux des hommes.

Au reste, si l'aspect de l'église de Notre-Dame des Victoires n'a rien de grandiose et d'impo-

Façade de l'église de Notre-Dame des Victoires.

sant, il faut avouer qu'une noble simplicité se révèle dans toute son ordonnance [1].

Voyez comme ce portail formé de deux ordres superposés se détache avec élégance ! il n'a que 21 mètres de hauteur sur 24 de largeur : on lui croirait des proportions plus importantes. Ces trois grandes portes qui occupent l'étage inférieur ; à l'étage supérieur, cette large fenêtre [2], encadrée par quatre pilastres corinthiens ; ce fronton triangulaire, surmonté d'une croix et au milieu duquel apparaissent les armes de France sommées de la couronne royale [3] ; ces pyramides tronquées qui se dressent aux deux extrémités, tout cela est d'un bon effet.

Mais laissons ces détails d'architecture ; aussi bien, comme moi, vous avez hâte d'entrer dans cette église privilégiée, objet de votre pèlerinage. Franchissons la grille qui l'entoure, nous voici sous le portail. Plusieurs grands cadres remplis d'écritures frappent vos regards : ce sont des tableaux indiquant les offices de l'église, les fêtes de l'Archiconfrérie, etc.; vous en prendrez connaissance plus tard. Poursuivons notre route. Remarquez seulement pour le moment cette

---

[1]. Il serait utile de relire ici la description architecturale qui se trouve à la page 12.

[2]. La disposition de cette fenêtre a été modifiée tout récemment (novembre 1880) pour faciliter la pose et le déploiement d'une verrière qu'on a substituée à l'ancien vitrail en simple verre. Cette verrière représente l'Assomption de la Sainte-Vierge. — L'horloge se trouvait primitivement suspendue au sommet de la fenêtre : elle repose aujourd'hui, assez prosaïquement, dans un bloc de pierre, dont le bas de la fenêtre a été surchargé.

[3]. Autrefois, nous l'avons dit plus haut, au milieu du tympan, au-dessus de la porte d'entrée, on lisait cette dédicace écrite en lettres d'or : D. O. M. — VIRGINI DEIPARÆ SACRUM — SUB TITULO DE VICTORIIS. Nous voudrions que cette ancienne dédicace, que 93 a fait

inscription latine, en lettres d'or, sur fond bleu, qui orne les linteaux de la porte intérieure : elle signale que l'église de Notre-Dame des Victoires jouit, comme les basiliques de Rome, de *l'indulgence plénière, quotidienne, perpétuelle, pour les vivants et les morts.* Sous cette douce influence entrons.

*
* *

Signez-vous, cher pèlerin, en prenant l'eau bénite, avec une religion digne du lieu saint que vous foulez du pied. Par un soupir de regret de vos fautes passées et d'amour pour Dieu, purifiez votre âme ; remerciez la divine miséricorde qui vous a conduit jusqu'au seuil de ce temple ; laissez épanouir votre cœur aux bénédictions célestes qui vous y attendent. Apercevez-vous à l'extrémité de la nef, dans le transept à droite, ces foyers de lumière, ces fleurs, ces nombreux fidèles prosternés ? c'est là qu'il faut nous rendre de suite, là est l'autel de Marie.

Si votre confiance envers cette bonne Mère avait besoin d'être excitée, je vous dirais de jeter les yeux, tout en marchant, sur ces milliers de petites plaques de marbre qui couvrent les piliers de la grande nef. Ces marbres sont autant de témoignages de gratitude offerts par les pèlerins qui vous ont précédé ; tous accusent des grâces reçues. *J'ai invoqué Marie,*

disparaître, fût replacée, mais sur la corniche supérieure qui couronne la grande fenêtre. Dans le tympan, pourquoi ne mettrait-on pas cette invocation qui résume l'église et l'Archiconfrérie : MARIA REFUGIUM PECCATORUM ? Quelle autre parole de plus douce invitation pourrait accueillir le pèlerin ?

j'ai été exaucé. — Merci, bonne Mère ! — Reconnaissance à Notre-Dame des Victoires. — Action de grâces, ma prière a été écoutée. — Marie m'a exaucé, etc. Telles sont les exclamations qui s'échappent de tous ces *ex-voto* ; elles sont bien propres, avouez-le, à toucher le cœur, à y faire naître les sentiments de la plus filiale confiance.

Mais ces sentiments sont déjà dans votre âme, je n'en doute pas, mon cher pèlerin.

Ne perdez donc pas un instant ; allons nous prosterner au pied de la vénérable statue de Celle qui est honorée en ce lieu béni, sous le beau nom de *Notre-Dame des Victoires*. Ne craignez pas ; Jésus-Christ vous permet de donner ici à Marie le premier tribut de vos hommages, de lui offrir votre première prière. Que dis-je ? il semble l'exiger : car, en vérité, pourquoi a-t-il élevé si haut, dans ce temple, la gloire de l'auguste Vierge ? Pourquoi, dans ce temple, l'a-t-il décorée d'un nom si magnifique ? Pourquoi, dans ce temple, se plaît-il à manifester la puissance de Marie et sa miséricorde avec un tel éclat, que de tous les points du monde, on accourt pour l'invoquer ? N'est-ce pas parce qu'il veut ici être comme oublié, et faire rendre tout honneur à Celle qu'il a choisie pour sa Mère ? D'ailleurs, il sait bien, ce doux Sauveur, qu'on ne peut honorer Marie sans l'honorer lui-même, et que les hommages et les prières qu'on adresse à sa Mère sont renvoyés par elle vers lui. Et comment, après tout, en contemplant les nobles traits de notre chère Madone, pourait-on ne pas penser à Jésus ? comment, en la priant, pourrait-on ne pas prier Jésus ? L'image du Fils resplendit à côté de celle de sa Mère, et dans ce brillant tabernacle, qui se dresse au pied du trône élevé à Notre-Dame des Victoires, il habite et repose, caché sous les espèces adorables du Sacrement de son amour.

Quelle sera votre prière ? Votre cœur vous l'inspirera. Mais, au reste, quel que puisse être le motif qui vous amène dans ce sanctuaire, quel que soit le but de votre pèlerinage, une conversion à demander pour quelque personne chérie, un malade à guérir, une vocation à éclairer, un malheur à éviter, une grâce insigne pour vous ou pour les vôtres à obtenir, n'importe : que votre prière soit fervente, qu'une confiance toute filiale la dirige vers Marie. Puisse-t-elle participer à ces pieux élans, à ces ardentes supplications, à ces soupirs de feu, à ces larmes éloquentes de tant de Monique qui, ici, vinrent pleurer sur un Augustin pécheur, de tant de Rachel, qui s'étaient soustraites au lit d'un enfant malade pour le recommander à une Mère plus puissante qu'elles !

Ne craignez pas de prolonger votre prière. Profitez de votre bonheur; priez, priez encore. Tout ce que vous avez au fond du cœur de secrets désirs, tous les vœux que vous formez, tous les souhaits que vous pouvez faire, pour vous, pour votre famille, pour vos amis, pour votre pays, déposez tout aux pieds de Marie. — Combien d'autres avant vous se sont agenouillés à la place où vous êtes! Ils ont prié : Notre-Dame des Victoires a écouté leur prière; ils ont été exaucés. Pourquoi votre voix ne serait-elle pas entendue comme la leur ? Pourquoi votre prière ne serait-elle pas exaucée comme le fut leur prière ?

. . . .

Je vous vois vous relever, cher pèlerin : vous avez satisfait votre dévotion.

Commençons, il est temps, la pieuse visite de cette église. Nous nous arrêterons partout. Je vous l'ai déjà dit : ici tout parle ; ici, tous les objets qui frappent les regards, que dis-je ? ceux-là même qui se laissent à peine apercevoir, qui se dissimulent dans les endroits les plus secrets

La Statue de Notre-Dame des Victoires.

du saint temple, tous ont un mystérieux langage ; je vous le ferai entendre.

La Statue de Notre-Dame des Victoires.

Levez d'abord les yeux vers l'image de Marie : c'est le premier objet qui doit nous occuper.

Vous dirai-je que cette statue est belle comme œuvre d'art ? Je ne puis me prononcer en pareille matière. Peut-être, d'ailleurs, serait-ce assumer sur moi une responsabilité inutile ; car, je dois vous l'avouer, plusieurs, et des compétents, dit-on, la trouvent médiocre.

Quoi qu'il en soit, cette statue me plaît et me dit beaucoup de choses. Examinez-la, contemplez-la. Cette noble Vierge, à la taille élancée, à la pose impériale, au regard plein de majesté, ne représente-t-elle pas dignement cette femme mystérieuse, annoncée aux premiers jours du monde, comme devant, dans la suite des âges, remporter un solennel triomphe sur le génie du mal, écraser la tête de l'antique et infernal serpent et lui arracher, en dépit de sa rage, tant d'âmes sur lesquelles il comptait comme sur une conquête assurée ? Évidemment l'artiste a représenté Marie sous un beau type, et, qu'il l'ait voulu ou que ce soit à son insu, cette Vierge me paraît répondre au titre de *Notre-Dame des Victoires* qui lui est donné. Le divin Enfant ne repose pas dans les bras de sa Mère, comme on le voit ordinairement : il est debout, sur un globe parsemé d'étoiles ; ses petites mains s'élèvent suppliantes vers Marie. On dirait qu'un ennemi menace l'Enfant-Dieu : est-ce Hérode ? sont-ce les satellites du tyran ? La Vierge-Mère vient d'apercevoir le danger. Voyez comme elle protége de son bras notre aimable Sauveur, comme elle semble vouloir s'opposer à toute agression perfide ! — Mais, dans cette particularité, n'admirez-vous pas un nouveau trait qui convient à Notre-Dame des Victoires ? Sous l'innocente image de Jésus, ne puis-je pas me représenter le pécheur que Marie invite à devenir son enfant ? Ici, cette auguste Vierge protége le pécheur, elle le défend, comme elle protégea, comme elle défendit son fils. Ici, ne semble-t-elle pas lui dire, en présence du démon qui voudrait le poursuivre jusqu'au pied de son autel, qui voudrait l'en arracher : « Pauvre enfant pécheur, puisque tu as eu recours à moi, je serai ta gardienne ; mon bras va te défendre ; cache-toi à l'ombre de mon manteau. Ne crains rien ; je veux te sauver : je suis la reine des Victoires [1]. »

*
* *

Quant à l'histoire de notre statue, voici ce qu'on a pu recueillir de plus vraisemblable et de plus complet.

Avant 93, s'élevait à cette même place une statue de la Très-Sainte Vierge célèbre aussi. On l'appelait Notre-Dame de Savone. Nous en avons parlé plus haut. L'image de Notre-Dame de Sa-

---

1. La plupart des statuettes qui se vendent sous le titre de Notre-Dame des Victoires n'expriment que très-imparfaitement ce beau type.

La statue de Notre-Dame des Victoires a 1 m. 85 cent., avec les nuages sur lesquels elle repose, 2 m. 90 cent., avec le piédestal. La statue de l'enfant Jésus a 83 cent. L'élévation de la niche où se trouve le groupe est de 3 m. 55 cent.

vone disparut dans la tourmente révolutionnaire, ainsi qu'il arriva pour tant d'autres objets précieux. Lorsque les temples catholiques furent rendus au culte après le concordat de 1802, on s'empressa de relever les images des saints, celles surtout de la Sainte-Vierge, que réclamait de préférence la piété des fidèles et des pasteurs. Le Musée français, espèce de magasin où l'on avait jeté pêle-mêle les dépouilles des églises, possédait quelques statues de Marie, mais en nombre insuffisant. Pour répondre aux exigences du moment, il fallut en faire exécuter de nouvelles. L'Italie fut mise à contribution. On demandait à un artiste un modèle de Vierge, et selon que ce modèle paraissait convenir, l'artiste était chargé de l'exécuter sur la pierre ou le marbre : quelquefois on gardait le modèle, tel qu'il avait été envoyé, soit parce qu'il satisfaisait, sans pourtant satisfaire pleinement, soit parce que la dépense pour l'exécution en marbre ou en pierre dépassait les ressources, soit enfin parce qu'on ne pouvait attendre un travail plus achevé.

Ainsi en fut-il, à ce qu'il paraît, pour notre Vierge [1]. Nous croyons qu'elle vient de l'Italie; ce serait un modèle destiné, dans la pensée de l'artiste, à une plus parfaite exécution. Quel est

---

[1]. L'ancienne statue et l'autel en marbre sur lequel elle était élevée furent déplacés le 17 nivôse an IV (7 janvier 1796), et transportés au Musée des monuments français, ainsi qu'il résulte d'un rapport des membres de la commission temporaire des arts. On ne put les retrouver à la réouverture des églises. — Dans le courant de mai et de juin 1822, M. l'abbé Fernbach, curé de Notre-Dame des Victoires, et MM. les membres de la fabrique s'adressèrent à M. de la Folie, conservateur des monuments publics, et le prièrent de faire des recherches au Musée pour découvrir quelle destination ces objets d'art et de piété avaient reçue. Les recherches furent sans succès. (Extr. du Rapport concernant le mobilier, fait en 1822.)

le nom de cet artiste ? Peu nous importe : je ne sais s'il est connu ; pour moi je n'ai pu le trouver.

Ici, cher pèlerin, permettez-moi une réflexion. N'aimez-vous pas que cette image de Marie, qui devait devenir si illustre dans le monde et qu'on pourrait à coup sûr décorer du titre de *miraculeuse*, nous vienne de l'Italie, la patrie par excellence de la Sainte-Vierge en même temps que la patrie des arts ? N'aimez-vous qu'elle trouve naissance après les mauvais jours de 93 ? C'est un signe d'espérance qui doit calmer de sanglantes douleurs. N'aimez-vous pas que le nom de celui qui la pouvait revendiquer comme son œuvre reste inconnu ? Il semble qu'elle soit donnée par le Ciel. N'aimez-vous pas que ce soit une première ébauche du ciseau ? Il y a là quelque chose de plus virginal. Je dirai toute ma pensée : n'aimez-pas que ce ne soit point un chef-d'œuvre d'art ? Elle porte plus visiblement au front la marque du choix mystérieux de Dieu, qui se plaît souvent, ainsi que je vous le faisais remarquer pour l'église de Notre-Dame des Victoires elle-même, à manifester sa puissance en se servant d'instruments, dans lesquels le génie et la puissance de l'homme disparaissent davantage [1].

---

1. On trouvera à la fin du volume une notice sur les couronnes que portait, avant 1871, Notre-Dame des Victoires, et sur celles dont elle est actuellement ornée les jours de fête, aussi bien que sur ses principales parures.

Autel de l'Archiconfrérie
et ancienne châsse de sainte Aurélie, profanée en 1871.

Autel de l'Archiconfrérie.

Nous nous sommes arrêtés, mon cher pèlerin, d'assez longs instants à contempler la statue de Notre-Dame des Victoires: c'était justice. Jetez maintenant un coup d'œil et écoutez de courtes notices sur les principaux objets que vous apercevez dans cette chapelle.

Remarquez d'abord l'autel de marbre qui sert comme de piédestal à la statue de la Sainte-Vierge. Il a été élevé par les soins du successeur de M. Des Genettes. On dit qu'il est d'une parfaite exécution. Mgr Darboy, archevêque de Paris, l'a solennellement consacré, le 8 décembre 1863. — En vertu de plusieurs brefs apostoliques, cet autel est *privilégié*, et tout fidèle, habitant hors des murs de Paris, qui y reçoit la sainte communion, peut gagner une indulgence plénière.

Le tabernacle est en marbre onixe, dit d'Algérie et du Mexique. Le sujet représenté sur la porte de ce tabernacle en bronze doré est le mystère de Bethléem et l'adoration des bergers. C'est un beau travail, paraît-il.

— Après les désastres de la Commune, M. Chevojon a fait complètement restaurer l'autel de l'Archiconfrérie. Dans cette restauration, il a été enrichi de bronzes et de peintures sur lave émaillée.

Châsse de sainte Aurélie.

Notre ancienne édition décrivait ainsi cette châsse:

« Derrière ces larges glaces qui forment de l'autel un immense reliquaire, se conserve l'un des plus précieux trésors de l'église. C'est le corps de sainte Aurélie, vierge-martyre. Il a été extrait des catacombes de Sainte-Priscille, à Rome, le 18 avril 1842. Quelques semaines après, le pape Grégoire XVI en faisait présent au vénérable fondateur de l'Archiconfrérie.

« Un fragment de marbre, qu'on aperçoit au fond de la châsse, indique le nom de la sainte. Ce marbre, qui fermait son tombeau dans les Catacombes, porte cette inscription : *Aureliæ, bene merenti*; à Aurélie, qui a bien mérité. La figure de cire qui recouvre les saints ossements a été modelée à Rome. Les riches vêtements qui servent de parure à la jeune sainte sont le symbole de son martyre et de sa virginité. L'urne d'or placée à ses pieds renferme une fiole de son sang ; elle fut trouvée au pied de son tombeau. C'est le 25 mars 1843 qu'eut lieu la cérémonie de la translation des saintes reliques dans l'autel de l'Archiconfrérie. »

Tel fut en effet l'aspect que présenta la châsse de sainte Aurélie jusqu'en 1871. En cette année malheureuse, notre précieuse châsse fut odieusement profanée. Toutefois, par une permission toute providentielle, les saintes reliques échappèrent, en grande partie, au vandalisme des profanateurs[1]. Après les plus urgentes restaurations de l'église, le 4 mai 1873, ces reliques furent replacées sous l'autel de l'Archiconfrérie, dans le riche reliquaire où on les voit aujourd'hui. Elles y reposent sur des coussins de velours et d'or, non plus, comme autrefois, dissimulées sous une figure de cire représentant la jeune sainte, mais dans l'état même où elles ont été extraites des catacombes.

---

1. Tous les détails de cette profanation sont relatés dans la brochure intitulée : *Sainte Aurélie. Histoire de cette jeune sainte et de ses reliques, avant et depuis la Commune.* Prix : 15 cent.

De 1844 à 1878, en vertu d'un indult apostolique du 19 janvier 1844, la fête de sainte Aurélie se célébra à Notre-Dame des Victoires le IIIe dimanche après Pâques. Un nouvel indult, du 18 juin 1878, l'a transférée au IVe dimanche.

Rétable [1] et couronnement de l'Autel.

Le rétable de l'autel est formé de deux colonnes ioniques cannelées qui encadrent la statue de Notre-Dame des Victoires, et supportent un fronton triangulaire. Ce fronton est chargé d'ornements et de bouquets de lis et sommé d'une croix ; au milieu brille le chiffre de la Sainte-Vierge [2]. Au-dessus de la statue, on lit sur la frise du fronton ces mots écrits en grosses lettres d'or :

CORDI IMMACULATO B. MARIÆ VIRGINIS

C'est assez vous dire que cet autel est dédié au Cœur Immaculé de Marie, et que tout ici rappelle ce souvenir.

---

1. Rétable, ensemble de lambris ou de revêtement de menuiserie, de marbre, de stuc, etc., au-dessus d'un autel.
2. Le fronton, aussi bien que les colonnes, sont couverts de stuc blanc; tous les ornements, la croix, les lis, sont rehaussés d'or ; le ciel de la niche est à fond bleu avec étoiles d'or. — Autrefois l'autel de l'Archiconfrérie était en tout semblable à celui qui se trouve dans la chapelle, vis-à-vis du transept droit. M. Des Genettes le fit restaurer plusieurs fois, notamment en 1855. En 1863 une nouvelle restauration eut lieu. La

Devise de la Corniche.

Au-dessus, dans la large corniche qui couronne la chapelle, vous lisez ce que j'appellerais volontiers la devise ou le mot d'ordre de ce sanctuaire béni. C'est l'invocation des Litanies de la Très-Sainte Vierge qu'on aime à adresser ici à Marie avant toutes les autres, parce qu'elle est le principe même et la raison d'être de l'Archiconfrérie, et qu'elle assure son influence et son succès :

REFUGIUM PECCATORUM.

Primitivement la grande corniche portait cette inscription : ARCHISODALITAS — ORBIS UNIVERSUS ; Archiconfrérie pour le monde entier. Elle a été supprimée en 1855. La nouvelle est bien préférable. La première énonçait un fait connu de tout le monde. Celle-ci résume tout un discours. Comprenez-vous, mon cher pèlerin, ce que signifient ces mots écrits au-dessus de l'Image de Marie Immaculée : *Refugium peccatorum* ? D'un côté c'est l'innocence, la candeur, la pureté, et dans un degré tel qu'aucune créature humaine ne saurait y prétendre ; de l'autre, c'est le pécheur avec ses faiblesses, ses souillures et ses crimes : et l'innocence se met ici au service du pécheur, et le pécheur vient ici chercher un abri auprès de l'innocence.

plus importante date de 1872 et 1873 ; on la doit au Curé actuel de Notre-Dame des Victoires. C'est à cette dernière restauration que se rapporte le revêtement des murailles de la chapelle en marbre blanc formant gradins pour recevoir les fleurs et les nombreux candelabres où brûlent perpétuellement des cierges.

Je ne dis rien là que de vrai. Combien d'âmes innocentes, en lisant ces consolantes paroles, n'ont-elles pas senti un attrait mystérieux les porter à se dévouer pour le salut des pécheurs! Combien de pécheurs au contraire ne se sont-ils pas attendris, en en prenant lecture, et ne sont-ils pas venus chercher aux pieds de Marie l'asile qu'elle leur offre si généreusement!

Les deux mots *Spes* et *Vita*, qui servent d'encadrement à la touchante invocation, expliquent et résument ce double sentiment.

Les ex-voto et les cœurs de la chapelle de l'Archiconfrérie.

De tous les côtés, vous apercevez sur les murs de la chapelle de l'Archiconfrérie ou sur les pilastres de l'autel de grands cadres de bronze doré, artistement travaillés. Les uns sont remplis de mille objets divers de parure : il y a des bagues, des bracelets, des colliers, etc. ; les autres renferment des symboles mystérieux : de petites béquilles, des ancres de navire, des médailles d'or et d'argent, etc. Voyez-vous dans celui-ci cette petite figure d'enfant en or massif? Dans cet autre, du côté opposé, ce sont des épaulettes d'officier supérieur. Des croix d'honneur brillent çà et là dans ces cadres, mais elles abondent dans ceux qui ornent les colonnes et dans les vitrines sur lesquelles reposent les grands tableaux [1]. Dans ces écrins d'un nouveau genre, vous pourriez en compter plusieurs centaines de tout pays et de toute nation.

1. Ces vitrines ne mesurent pas moins de 2 m. 50 c.

Que sont tous ces objets et que font-ils dans cette chapelle? Ai-je besoin de vous dire, mon cher pèlerin, que tous ces objets sont des *ex-voto* offerts à la Sainte-Vierge, et qu'ils ont pour mission de publier la grandeur et la miséricorde de l'aimable souveraine de ce sanctuaire?

Mais, quelque éloquente que soit la voix de tous ces *ex-voto*, il en est d'autres ici qui ont une voix plus éloquente encore; je veux parler de tous ces cœurs d'or, d'argent et de bronze, que vous voyez apparaître de toutes parts, non-seulement dans les vitrines, mais encore aux pieds de la Sainte-Vierge, sur les nuages qui forment son trône et jusque dans les plis de son manteau, au cou de l'enfant Jésus et dans ses mains, autour du cintre et à l'intérieur de la niche de la statue, dans les fausses fenêtres des tribunes [1], partout en un mot où un panneau de menuiserie, où une surface de marbre ou de pierre laissent une place libre. Que dis-je? les lettres mêmes qui composent l'inscription: *Refugium peccatorum*, et cette autre: *Spes-Vita*, sont formées avec des cœurs.

Oui, tous ces cœurs dans cette chapelle ont une voix plus éloquente que tous les autres *ex-voto*. Ils semblent protester par leur présence que si la

---

1. Ce n'est que depuis la réouverture de l'église, en 1810, que les tribunes ont été fermées. Celle du côté de l'Epître, d'où l'on peut apercevoir tout le chœur, était autrefois réservée à la cour, et c'est une tradition que la pieuse épouse de Louis XV, Marie Leczinska, y a plusieurs fois pris place. On voyait naguère encore sur la muraille de la chapelle Sainte-Anne, une petite fenêtre. A cet endroit, aujourd'hui recouvert de marbre comme le reste de la chapelle, la tribune intérieure s'ouvrait sur une galerie suspendue le long du pilier; cette galerie aboutissait à une seconde tribune placée en face de la chaire: c'était là que la princesse assistait à la prédication.

Vierge Marie a choisi ce sanctuaire pour glorifier son Cœur immaculé, tous les cœurs des chrétiens sont venus chercher, auprès du sien, aide, abri, protection.

Deux ex-voto d'un genre à part.

Sur les côtés de l'autel, près des grandes girandoles, sont suspendus deux ex-voto d'une forme exceptionnelle : ils ressemblent à des livres d'or. Ce sont en effet de charmants coffrets destinés à recevoir de précieuses pages. Ils appartiennent à deux paroisses de Paris. On les ouvre chaque année, et dans une fête de famille, on y introduit solennellement, écrite sur parchemin, la liste des enfants de la première communion. Quelles sont ces deux paroisses? Au milieu des magnifiques mosaïques dont le premier de ces ex-voto est couvert, vous pouvez lire : *Saint-Philippe du Roule*. Sur le second, au sommet des émaux qui reproduisent les mosaïques de l'autre, se détache le nom de *Notre-Dame des Victoires*.

Heureux les enfants ainsi désigné à la constante protection de Marie !

Cette place, du reste, a toujours été privilégiée : on l'a réservée de tout temps pour des ex-voto exceptionnels. Avant le pillage de 1871, on y voyait deux médaillons renfermant chacun neuf petits cœurs d'or. Ils avaient été donnés dans le courant de 1866. Une dame américaine voulant consacrer à la Sainte-Vierge ses sept enfants et se consacrer elle-même, ainsi que son mari, en reconnaissance de plusieurs grâces reçues, nous avait demandé, vers la fête de l'Assomption, la permission d'offrir le premier ex-voto. Quelques semaines après, une autre dame réclamait la même faveur. Celle-ci était irlandaise. Elle avait, aussi, sept enfants. Le médaillon aux neuf *cœurs* l'avait profondément touchée, « Et pourquoi, s'était-elle dit, ne ferai-je pas comme a su faire cette autre mère? pourquoi ne procurerai-je pas aux miens le même patronage? D'ailleurs, n'ai-je pas, comme cette mère que je ne connais pas, mais que j'aime sans la connaitre, une dette de reconnaissance à payer à la Sainte-Vierge? »

La Croix du Tabernacle et l'Arche d'Alliance.

Sur le tabernacle, admirez la croix et les deux branches de lis, formant candélabres, qui l'entourent. Toutes ces pièces sont en argent et d'une parfaite exécution de travail. Le Christ et les deux statuettes, qui ornent le pied de la croix, sont surtout remarquables. De précieux souvenirs se rattachent à ces saints objets : ce sont d'ailleurs autant d'ex-voto. On les a heureusement sauvés en 1871.

Un peu en arrière, voici un petit monument bien digne de fixer votre attention. On le désigne, dans nos sacristies, sous le nom d'arche d'alliance. La partie principale est une urne de bronze doré, destinée à recevoir les cœurs, les croix d'honneur et les autres objets offerts en ex-voto, jusqu'à ce qu'on puisse les placer dans les vitrines. Cette urne, aussi bien que le riche coffret à jour qui l'abrite et la soustrait à demi aux regards, sont chargés d'émaux cloisonnés, reproduisant divers emblèmes de la **Très-Sainte Vierge**.

Tableaux de l'Autel.

Des deux côtés de la statue, de grands tableaux, qui n'ont pas moins de 3 m. 45 c. de haut sur 2 m. 30 c. de largeur, forment un des principaux ornements de la chapelle. Ils représentent l'Annonciation et l'Assomption de la Très-Sainte Vierge.

Ces deux tableaux sont de date récente. Ils ont été exécutés en 1869 et 1870, par un artiste distingué de la capitale, membre de l'Institut, M. Louis Muller. On les a substitués à deux autres tableaux qui se trouvent actuellement dans la chapelle de saint Augustin [1].

C'est la destinée des tableaux de cette chapelle d'être soumis à de fréquents changements. Depuis 1809, ils ont été changés au moins six fois. En 1822, ainsi qu'il résulte d'un rapport fait à cette époque sur le mobilier de l'église, le sujet du tableau à droite de l'autel était la Présentation de la Sainte-Vierge ; à gauche on voyait une Assomption. Dans les premières années de l'Archiconfrérie, ces tableaux furent remplacés par deux autres toiles : la première représentait Notre-Seigneur descendu de la croix ; la seconde, la Sainte-Vierge répandant ses bénédictions sur des malheureux qui l'implorent. Ces deux sujets convenaient admirablement au sanctuaire : c'était une touchante allusion aux miséricordes de Marie

---

[1]. M. Louis Muller est l'auteur du célèbre tableau connu sous le nom de *Dernier appel des condamnés sous la Terreur*, et de plusieurs autres peintures dont les titres sont devenus également populaires. C'est au mois de juin 1870 que les deux toiles de M. Muller ont été placées dans la chapelle de l'Archiconfrérie. Ainsi que nous le dirons plus loin, les deux tableaux de M. Muller avaient été commandés pour la chapelle de Saint-Augustin.

et à l'amour immense qu'elle nous a témoigné au Calvaire, amour qui est devenu la source de ses miséricordes. M. Des Genettes crut devoir leur substituer en 1844 ou 1845 une Assomption de la Vierge et son Couronnement au ciel, dont on venait de lui faire présent. Dix ans plus tard, en 1855, deux nouveaux tableaux représentant les mêmes sujets, mais d'une plus grande dimension, leur succédèrent. Ceux-ci demeurèrent jusqu'en 1867. A cette époque ils furent remplacés par les deux peintures qu'on voit actuellement dans la chapelle de saint Augustin : nous en parlerons plus loin. Celles-ci devaient, deux ans après, ainsi que nous l'avons dit, être dépossédées à leur tour de cette place d'honneur [1].

---

1. Ces tableaux, successivement enlevés de la chapelle de la Sainte-Vierge, ornèrent successivement aussi, la plupart du moins, la chapelle de saint Augustin. De là, on les plaçait dans les chapelles latérales, sur les murs de refend, au-dessus des voûtes qui séparent ces chapelles : elles n'étaient pas alors toutes tapissées d'ex-voto. En 1863, lors du grattage et de la grande restauration de l'église, toutes ces toiles furent données à divers sanctuaires. Celles qui avaient orné la chapelle de la Vierge de 1844 à 1855 furent envoyées à Rome : on les voit aujourd'hui dans l'église de Notre-Dame des Victoires de la Ville sainte, laquelle est desservie par les Pères de la Congrégation du Très-Saint Cœur de Marie. Quand aux deux toiles qui durent disparaître en 1867, elles furent acquises par M. le Baron de F***, très-connu à N.-D. des Victoires. Il les destinait à une église qu'il a fait construire dans le diocèse de Nîmes.

Le Vitrail de la grande fenêtre.

Puisque nous venons de parler des tableaux de l'autel, disons aussi un mot de la belle peinture sur verre qui orne la grande fenêtre de la chapelle. Cette verrière a été exécutée en 1854. Elle a été offerte à M. Des Genettes par les Associés. Une souscription avait été ouverte par M. l'abbé Herpin, alors sous-directeur de l'Archiconfrérie. M. Lenormand, le célèbre membre de l'Institut, qui aimait tendrement M. Des Genettes, fut des premiers à concourir à l'entreprise par son offrande.

L'origine de la sainte œuvre fondée par M. Des Genettes et ses admirables résultats sont ici racontés sous de mystérieux emblèmes [1]. Au milieu du vitrail, la Sainte-Vierge apparait dans une lumière éblouissante, telle que la représente la statue de l'autel. Au-dessus de sa tête, des groupes d'anges chantent ses louanges. Autour d'elle se tiennent, les uns dans l'attitude du repentir, les autres dans l'exaltation de leur âme, des pécheurs convertis. Parmi eux on distingue un jeune homme prosterné, auprès duquel on aperçoit une femme vénérable dont la tête est entourée de l'auréole des saints. C'est Augustin encore pécheur que sa mère sainte Monique présente à Marie. A leurs pieds une banderole porte ces mots : *Maria refugium peccatorum.* C'est le cri qui semble s'échapper de la bouche de tous ces heureux convertis.

---

[1]. Dans la circulaire que M. l'abbé Herpin fit à ce sujet, il disait : « Ce sera un monument destiné à perpétuer le souvenir de l'institution de l'Archiconfrérie. »

Dans un coin du vitrail un ange, couvert d'une armure d'airain, perce d'une lance le démon qui voudrait mettre obstacle aux miséricordes de Marie envers les pécheurs. Tout à fait au bas, un autre ange présente à M. Des Genettes les statuts de l'Archiconfrérie [1].

Tombeau et pierre sépulcrale de M. Des Genettes.

I

Ce n'est pas seulement le grand vitrail de la chapelle qui rappelle le souvenir de M. Des Genettes. On peut dire que le souvenir du pieux fondateur de l'Archiconfrérie se trahit partout ici ; mais en voici un témoignage plus authentique que tous les autres. Lisez cette grande inscription tracée sur le sol au pied même de l'autel. Elle vous dira que la dépouille mortelle du saint homme repose ici. Cette inscription a

---

1. Dans la réparation de la chapelle qui fut faite en 1855 et 1856, M. Des Genettes avait fait peindre la voûte de la chapelle que décore ce vitrail à fond bleu avec étoiles d'or. Les coins du cintre des deux côtés du vitrail étaient occupés par deux toiles, dont l'une représentait l'Annonciation, l'autre la Naissance de N. S. à Bethléem. Dans les deux fausses fenêtres en retrait, on voyait un saint Jean-Baptiste et un saint Joseph. Toutes ces décorations, qui n'étaient pas en rapport avec le caractère du monument, ont disparu en 1863, lors de la grande restauration de l'église. Les quatre tableaux ont été donnés. L'un deux est allé orner une chapelle d'Afrique, un autre est parti pour l'extrême Orient.

été composée à Rome par M. le Commandeur de Rossi et par Mgr Lacroix, clerc national de la France auprès du Saint-Siége et protonotaire apostolique, tous deux bien connus par leur science dans le style lapidaire. MM. les membres de la Fabrique l'ont fait exécuter en 1862 : rien n'a été épargné pour en faire un véritable monument [1].

HEIC

AD.ALTARE.MARIÆ.DEIPARÆ

UBI.SUPPLICARE.ET.OFFERRE.CONSUEVERAT

QUIESCIT.IN.PACE.DOMINI

CAROLUS.ELEONORUS.DUFRICHE.DES.GENETTES

HUJUS.PAROCHIÆ.TITULO.D.N.A.VICTORIIS

PER.ANNOS.XXVIII.PASTOR.PERVIGIL

VIR.BONORUM.OPERUM.OMNIUM.FAUTOR.ET

PARTICEPS

ARCHISODALICII.A.CORDE.MARIÆ.IMMACULATO

ERRANTIBUS.AD.FRUGEM.BONAM.REVOCANDIS

INSTINCTU.COELESTI.CONDITOR

QUOD.DEO.PROPITIO.ET.FORTUNANTE.VIRGINE

TOTO.JAM.ORBE.FELICITER.DIFFUSUM.CERNENS

IN.SENECTUTE.BONA.LÆTUS.IVIT.AD.CHRISTUM

DIE.XXV.MENSIS.APRILIS.ANNO.SALUTIS.MDCCCLX

---

1. L'inscription est tracée sur une table de marbre blanc de 2 m. 50 cent. de long sur 1 m. 50 cent. de large, d'une épaisseur de 11 c. — Les lettres ont 4 cent. de hauteur. Elles sont profondément gravées et remplies de mastic de Hill, dont la dureté est à peu égale au marbre, de sorte que la surface du marbre et les lettres s'useront uniformément. Un encadrement en cuivre entoure l'inscription.

ÆTATIS.SUÆ.LXXXII
HAVE.ANIMA.FORTIS.PIENTISSIMA
HUIC.FATISCENTI.ÆVO.PLURIMOS.TIBI.SIMILES
COELITUS.DONANDOS.PRÆCIBUS.IMPETRA.

Si vous désirez la traduction de cette epitaphe, approchez-vous du pilier qui est à votre gauche. Ce large cadre de marbre rouge en renferme une qui est assez exacte :

Ici,
au pied de l'autel de Marie, mère de Dieu,
où il avait coutume de prier et d'offrir le saint sacrifice,
repose dans la paix du Seigneur,
Charles-Éléonore Dufriche Des Genettes,
pendant 28 ans pasteur zélé
de cette paroisse de Notre-Dame des Victoires.
Il y fut le protecteur et l'appui de toutes les bonnes œuvres.
Il y fonda, par une inspiration du Ciel,
l'Archiconfrérie du Cœur Immaculé de Marie,
pour la conversion des pécheurs.
Grâce à la bénédiction de Dieu, sous le regard propice de la vierge Marie,
il vit cette œuvre heureusement propagée
dans l'univers entier.
Dans une vieillesse avancée, avec la joie des Saints,
il rendit son âme à Dieu,
le 25 avril de l'an de grâce 1860.

à l'âge de 82 ans.

Honneur à vous, âme forte et sainte !
Puissiez-vous, par vos prières, nous obtenir
du Ciel,
dans ce siècle d'ébranlements et de ruines,
beaucoup d'hommes qui vous ressemblent !

II

Un cadre de même dimension, sur le pilier opposé [1], reproduit le texte de l'épitaphe en latin pour la commodité des pèlerins, qui pourraient difficilement le lire sur le sol.

Avant 71, on voyait au-dessus des deux tables de marbres deux petits cadres, en forme de cœurs, surmontés d'une croix. Ils renfermaient les décorations de M. Des Genettes. Dans l'un, à droite, était sa croix de la Légion d'honneur ; dans l'autre se trouvaient celles de saint Sylvestre et de saint Grégoire [2].

III

Le caveau qui renferme le corps de M. Des Genettes a été préparé trois années avant sa mort, en 1857. On avait profité d'une absence de quelques jours que le vénérable Curé devait faire à Montmorency. A peine eut-il quitté son

---

1. Devant ce pillier on voyait naguère une grande statue de saint Pierre sur un large piédestal. Du côté opposé était une statue de saint Dominique. Elles ont été enlevées lors de la réparation de l'église en 1863. La statue de saint Pierre a été donnée aux religieux de la congrégation du Saint-Esprit, celle de saint Dominique à un autre couvent.

2. Voir pour plus amples renseignements la brochure intitulée : *M. Des Genettes, histoire de ses décorations*. Prix : 15 cent.

église que les ouvriers, qui avaient reçu le mot d'ordre, se mettaient à l'œuvre, et, pour la facilité de leur travail, interceptaient la chapelle par une immense tenture. M. Adolphe Gérardin, en qui M. Des Genettes avait une grande confiance et qu'il chargeait de l'organisation de l'église, dirigeait les travaux. M. Des Genettes revint plus tôt qu'on ne l'attendait. Apercevant la tenture devant la chapelle, il s'empressa de demander ce qu'on faisait. M. A. Gérardin arriva en toute hâte et lui dit qu'il s'agissait d'une amélioration importante de la chapelle ; qu'on avait profité de son absence pour la faire. M. Des Genettes s'en tint à cette explication. Le lendemain quelqu'un lui ayant avoué quel était le but de ce travail extraordinaire, il voulut l'examiner de près. On lui fit observer qu'on n'avait pu creuser le caveau comme on l'avait désiré, sous l'autel même de l'Archiconfrérie. Il répondit que cela n'eût pas été convenable ; que tout était bien ; qu'il était préférable que son corps fût à l'entrée de la chapelle, sous les marches de l'autel. Depuis ce moment, le saint vieillard aimait à penser qu'il reposerait, après sa mort, au pied de Notre-Dame des Victoires. Il avait une secrète espérance que cette faveur lui serait accordée.

Le corps de M. Des Genettes est placé horizontalement comme celui de sainte Aurélie, à peu près sous la table de la communion.

IV

Les Associés de l'Archiconfrérie ne doivent-ils pas penser avec bonheur que le corps de leur bien-aimé fondateur sert comme de pierre d'assise à l'autel de Notre-Dame des Victoires, et que du fond de son tombeau, sa voix, qui ne saurait être éteinte, prie et intercède encore en leur faveur Celle qui se laissa toucher tant de fois par les supplications de son pieux serviteur ?

V

Ce trésor, ils doivent d'autant plus s'estimer heureux de le posséder aujourd'hui que, dans les mauvais jours de la Commune, ils ont failli en être privés. Chacun sait, — et nous avons eu occasion d'en parler dans la première partie de cet ouvrage, — comment les bataillons des fédérés, connus sous le nom de *vengeurs de Flourens*, saccagèrent indignement le tombeau du fondateur de l'Archiconfrérie et profanèrent odieusement ses précieux restes[1]. Une restauration complète du tombeau était devenue nécessaire ; elle fut achevée en 1873. La pierre tumulaire qu'on voit aujourd'hui date de cette époque ; elle est d'ailleurs en tout semblable à celle de 1862. La bénédiction du nouveau monument eut lieu le 21 juillet 1873. Elle fut précédée d'un service solennel, qui avait surtout pour but de réparer les sacrilèges commis en 1871. Plaise à Dieu que l'œuvre accomplie le 21 juillet 1873 n'ait plus jamais besoin d'être renouvelée !

---

1. Le récit complet de ces scènes odieuses se trouve consigné dans une brochure in-18 intitulée : *Le testament de M. Des Genettes et l'histoire de son tombeau à Notre-Dame des Victoires.*

Lampes et cierges
qui brûlent perpétuellement auprès de l'Autel de l'Archiconfrérie.

I

Ne quittons pas ce sanctuaire, mon cher pèlerin, sans dire quelques mots des cierges et des lampes qui brûlent perpétuellement autour de l'autel et dans toute la chapelle de l'Archiconfrérie.

Vous savez sans doute que l'usage des lumières et des lampes, dans les cérémonies chrétiennes, remonte à une haute antiquité; peut-être date-t-il même des temps apostoliques (*Act.*, xx, 7 et 8). Cette coutume, du reste, était empruntée à la loi mosaïque. Non-seulement le Seigneur avait prescrit qu'on entretînt perpétuellement le feu de l'autel [1], mais il avait en outre ordonné que le Candélabre d'or à sept branches, qui portait autant de lampes, fût également allumé près de l'Arche d'alliance, dans le tabernacle (*Ex.*, xxvii, 20 et 21), et plus tard d'autres candélabres furent placés dans la maison de Dieu par Salomon (III *Reg.*, vii, 49).

On n'en saurait douter non plus : dès les temps les plus anciens de l'Église et jusque dans les Catacombes, les lumières n'ont pas été seulement consacrées au service des autels et en usage dans la célébration des fêtes chrétiennes; on les employait aussi auprès des images et des tombeaux des martyrs (Hieron., *adv. Vigil.*, Aug. *serm. in dedic. Ecclesiæ*).

---

1. *Ignis est iste perpetuus qui nunquam deficiet in altare* (Lévit., cap. xiii).

En multipliant les lumières dans ses cérémonies sacrées, l'Eglise s'est proposé d'inviter ses enfants à une douce joie et à l'espérance du ciel, où nous jouirons de la pleine lumière de Dieu. En plaçant les lumières auprès des autels où réside le T.-S. Sacrement, elle a voulu nous rappeler que Jésus-Christ est le véritable soleil des intelligences et des cœurs, la parole vivifiante qui illumine le monde. Enfin, en les déposant auprès des images et des tombeaux des saints, elle a pour but d'honorer ceux de ses enfants qui ont su réaliser la parole de Jésus-Christ : « Vous êtes la lumière du monde ! » et qui, imitant eux-mêmes le Maître, éclairent leurs frères par les exemples des vertus qu'ils leur ont laissés, et illuminent la voie chrétienne où tous doivent marcher à leur suite.

II

A ces titres, combien les lumières ne conviennent-elles pas auprès des autels de Marie ? N'est-elle pas la parfaite image du Soleil de justice, l'Etoile toujours brillante de Jacob, l'Astre bienfaisant qui doit nous conduire à la patrie ?

Mais si partout l'auguste Mère de Dieu mérite de recevoir ces hommages, il est des lieux, des sanctuaires où elle a plus de droit encore de les recevoir.

Tel est, à coup sûr, le sanctuaire de Notre-Dame des Victoires. Où donc plus qu'ici Marie apparaît-elle comme cet astre bienfaisant qui attire à lui, qui illumine de ses rayons, qui réconforte et réjouit ? Ici, personne ne peut se soustraire à la douce influence de la Reine du Ciel ; ici, les âmes désolées, affligées, abattues même par la douleur, trouvent une consolation ; ici, les cœurs les plus endurcis, les plus glacés par l'indifférence ou l'irréligion, sont forcés de s'avouer vaincus.

III

Je vous ai dit ailleurs, mon cher pèlerin, quel nombre prodigieux de cierges brûlent chaque jour autour de l'autel de l'Archiconfrérie (page 76). Pour peu que vous demeuriez un moment dans la chapelle, vous vous convaincrez facilement que je n'ai rien exagéré.

Et vous le comprenez maintenant : il y a là un perpétuel hommage de vénération, d'amour et de reconnaissance offert à Marie. Ainsi, ces petits êtres matériels, qui se consument peu à peu et s'exhalent auprès de l'autel privilégié, sont le symbole de la prière constante et filiale qui s'élève sans cesse, du pied de cet autel, vers le trône de la Reine du Ciel. Ainsi, toutes ces petites flammes, qui ressemblent à autant d'holocaustes, sont comme un supplément de tous les cœurs catholiques, désireux de s'agenouiller dans ce sanctuaire béni, et ils proclament à leur manière la vénération, les espérances, l'amour, la reconnaissance de tous. Et si vous réfléchissez, mon cher pèlerin, que depuis l'aurore du premier janvier jusqu'à la dernière heure du 31 décembre, l'illumination ne cesse pas autour de cet autel, vous ne pourrez vous empêcher d'admirer la touchante et éloquente manifestation de ce perpétuel témoignage d'amour, de reconnaissance, de confiance envers la sainte Mère de Dieu.

Dans les premières années de l'Archiconfrérie, la piété des fidèles ne s'était pas exprimée d'une manière aussi générale par ces offrandes de cierges. C'est à partir de 1852 que le pieux usage s'est de plus en plus développé.

IV

Il en est de même des lampes. Avant 1852, il n'y avait dans toute l'église que deux lampes;

l'une à l'autel de la Sainte-Vierge, l'autre dans le sanctuaire.

Aujourd'hui, on compte trente-cinq lampes dans l'église : quinze ornent la chapelle de l'Archiconfrérie, cinq sont suspendues dans la chapelle de saint Joseph, trois dans le chœur ; les autres ont été réparties dans les chapelles. Toutes sont des présents offerts à la Sainte-Vierge ; plusieurs sont en argent ou en vermeil. De touchants souvenirs se rapportent à la plupart d'entre elles. Celle-ci, par exemple, qui brûle en face de la Vierge, représente une famille tout entière. Une pieuse mère l'a offerte. Sa flamme a pour mission de répéter sans cesse à Notre-Dame des Victoires : Protégez-nous toujours ! Cette autre en vermeil, de large et noble forme, qui est suspendue à peu de distance, sur la même ligne, a été donnée par une princesse de sang royal pour remercier la Sainte-Vierge, qui venait de protéger son mari dans une périlleuse expédition [1].

La lampe donnée par S. M. l'Impératrice et les lampes romaines.

Parmi toutes les lampes, il en est une qui mérite une attention spéciale ; on l'appelle :

---

[1]. Les désastres de 1871 nous ont privés d'une petite lampe, en argent oxydé, qui était bien précieuse pour notre sanctuaire et qui fut longtemps un des ornements de la chapelle de l'Archiconfrérie. Cette lampe venait de Bomarsund. C'était une dépouille et un trophée de la plus glorieuse journée de cette expédition, celle du 16 août 1855. Elle fut enlevée à l'ennemi par

la lampe de l'Impératrice. Elle a, en effet, été donnée par Sa Majesté l'Impératrice Eugénie. C'est celle qui est suspendue en avant de toutes les autres, dans la chapelle de l'Archiconfrérie.

Cette lampe, d'une très-grande valeur, à cause du métal même dont elle est faite, est aussi un véritable objet d'art. Elle est tout en argent massif, vermeillé et enrichi de divers *motifs* ciselés en vieil argent. Elle a en hauteur 50 centimètres et n'en mesure pas moins de 60 en largeur. Sa forme rappelle le XIIe siècle; le style qui préside à toute l'ornementation est aussi de ce siècle, toutefois avec les perfectionnements que le temps a nécessairement apportés à la fabrication.

Ce beau travail a été exécuté par MM. Fannières frères.

L'Echo de Notre-Dame des Victoires a relaté, dans son numéro du 6 mai 1866, comment et avec quel cérémonial ce riche présent fut offert à la Sainte-Vierge.

*
* *

Disons aussi un mot de ces petites lampes, étagées sur les consoles de marbre blanc où s'adapte la balustrade de l'autel. Leur forme est

un officier français, le capitaine L***, et apportée par ce dernier à Notre-Dame des Victoires, comme ex-voto de reconnaissance.

Dix ans après, et presque à la même date, nous apprenions la mort de la pieuse épouse de ce brave capitaine. Elle était souvent venue prier pour lui à Notre-Dame des Victoires pendant l'expédition de la Baltique; elle l'avait accompagné lorsqu'il vint apporter son présent. Il était juste qu'un souvenir fût donné dans ce même sanctuaire à cette digne et noble chrétienne. Un dimanche soir, en 1865, à la réunion générale, on raconta l'histoire de la lampe de Bomarsund et l'on pria pour la pieuse Associée que Dieu venait d'appeler à lui.

Lampe donnée par Sa Majesté l'Impératrice Eugénie.

étrange : on dirait six grenades d'or. C'est un souvenir du voyage que M. Chevojon a fait à Rome en 1874. Les lampes qui brûlent perpétuellement autour de la confession ou tombeau de saint Pierre l'avaient frappé : il voulut voir ce type à part reproduit à Notre-Dame des Victoires.

Les deux gros cierges peints, qu'on voit auprès de ces lampes, sont également un souvenir du voyage de 1874 ; ils en rappellent les deux principales étapes, Rome et Lorette. Celui de Rome porte, dans ses peintures, au milieu de gracieux arabesques et de bouquets de fleurs, les armes de Pie IX et l'image de la Vierge, dite de saint Luc, qu'on conserve à Sainte-Marie-Majeure. Sur celui de Lorette, dans les mêmes enjolivures, on aperçoit, avec les armes du Chapitre, la copie exacte de la Vierge noire que possède, de temps immémorial, l'antique basilique du pays lorétain.

Autres ex-voto.

Au milieu des nombreux brûle-cierges, ingénieusement disposés dans la chapelle pour la facilité du service, distinguez ceux qui sont placés en avant, sur ces deux tables de bronze doré. C'est un présent royal. Tous deux portent, émaillées, les grandes armes de la Maison d'Espagne.

Dans un dernier regard sur le luminaire de la chapelle, remarquez encore ces deux lampes soutenues, chacune, par une espèce de crosse en bronze doré et ciselé. Elles encadrent admirablement l'autel. Ces lampes sont du style Louis XIII, et d'un fort beau travail. C'est dans les crosses que se trouvent les contre-poids qui, par un ingénieux mécanisme, élèvent et descendent à volonté les lampes. On a dû vaincre, paraît-il, de vraies difficultés pour arriver à ce résultat.

Ces deux lampes ont été placées dans le courant de 1879, en même temps que les deux reliquaires [1] qu'on voit de chaque côté du piédestal de la statue, entre les grands vases dorés formant candélabres [2] et les chandeliers de l'autel. Ces lampes, comme les reliquaires, comme tous les objets du sanctuaire de Marie, sont des présents offerts en ex-voto à la Sainte-Vierge. Le bulletin des *Annales* de janvier 1880, en mentionnant ces nouveaux ex-voto ajoutait : « L'ornementation de la chapelle privilégiée est maintenant complète : elle offre un ensemble parfait qui repose les yeux et réjouit le cœur des visiteurs, étrangers au sanctuaire, comme celui des Associés. »

N'est-ce pas, mon cher pèlerin, le double sentiment que vous éprouvez vous-même, en contemplant cette chapelle, et en constatant comment notre céleste Mère à tous est ici glorifiée, sous son mystérieux titre de Notre-Dame des Victoires ?

Les ex-voto de marbre.

En parlant des *ex-voto* dont la chapelle de l'Archiconfrérie est remplie, nous n'avons rien dit de tous ces marbres scellés sur les murailles, et qui portent des inscriptions gravées en lettres rouges ou en lettres d'or.

---

1. Les reliques renfermées dans ces reliquaires ont été données par le pape Pie IX, en 1861.
2. Ces vases, de forme Louis XIII, sont en bronze repoussé. Le chiffre de la Vierge qui les orne est émaillé. Les bouquets de lis et de roses, qui les surmontent et d'où s'échappent les lumières, ont été

Mentionnons-les ici. Du reste, j'aurai bien des fois, mon cher pèlerin, l'occasion de ramener vos regards et votre attention sur ces précieux témoignages de reconnaissance envers Notre-Dame des Victoires.

Sur le contre-pilier, à votre droite, auprès d'un grand marbre reproduisant le texte de l'épitaphe de M. Des Genettes, allez lire quelques-unes de ces inscriptions. Celle-ci qui porte le n° 2.688 ne saurait manquer de vous impressionner :

LE 1ᵉʳ MAI 1864
DERNIER JOUR D'UNE NEUVAINE,
JE SUIS ENTRÉE PARALYSÉE A NOTRE-DAME DES VICTOIRES,
J'Y AI ÉTÉ INSTANTANÉMENT GUÉRIE
APRÈS LA SAINTE COMMUNION.
QU'ELLE EST BONNE MARIE !

Le fait que ce marbre constate s'est passé sous nos yeux ; de nombreux Associés en ont été témoins comme nous. L'*Echo de Notre-Dame des Victoires* a rendu compte de cette guérison dans son bulletin de mai 1864.

L'inscription placée au-dessous de la même épitaphe, n'est pas moins significative. Elle porte la date du 14 avril 1870 : sa grandeur vous la fait d'ailleurs facilement apercevoir. Je la transcris :

J'ÉTAIS AVEUGLE !
TOUT ESPOIR DE GUÉRISON SEMBLAIT M'ÊTRE ENLEVÉ,

entièrement exécutés à la main et au marteau. Comme les principaux objets qu'on admire dans cette chapelle, ils ont été exécutés par la maison Poussielgue-Rusand.

J'AI RECOUVRÉ SUBITEMENT LA VUE EN RECEVANT LA SAINTE COMMUNION A LA SUITE D'UNE NEUVAINE EN L'HONNEUR DE NOTRE-DAME DES VICTOIRES.

PETIT SÉMINAIRE DE VERSAILLES
14 AVRIL 1845. — PIERRE RENAULD.
HOMMAGE DE RECONNAISSANCE A MARIE.
SOUVENIR DU XXV ANNIVERSAIRE.

*
* *

Du côté opposé de la chapelle, combien d'inscriptions méritent également de fixer vos regards ! Entre beaucoup d'autres que vous voyez le long des parois de la petite voûte, où se trouve la porte de la sacristie, j'appelle votre attention sur celle-ci qui débute par cette exclamation : SPES ! et qui se poursuit ainsi :

VOUS AVEZ ÉTÉ MON ESPÉRANCE,
ACCEPTEZ MON ACTION DE GRACE !

Ce marbre est un des ex-voto les plus récents qu'ait reçus Notre-Dame des Victoires : nos registres le mentionnent à la date du 2 février 1881, et son numéro d'ordre est 10,531.

Nous avons eu tout à l'heure occasion de remarquer le mot *Spes* écrit avec des cœurs au sommet de la chapelle, sur la corniche. Or, ce marbre a été placé à dessein au-dessous de ces quatre lettres, qui expriment si bien l'un des plus beaux titres de Marie à l'amour de ses enfants, et voici pourquoi.

Il y a un an, à peine, un digne chrétien entrait à Notre-Dame des Victoires, l'âme bouleversée par le chagrin, l'esprit préoccupé de bien légitimes inquiétudes. Il venait de perdre une partie de sa fortune; une position honorable dont il jouissait lui avait été enlevée; l'avenir de sa famille se trouvait compromis. Il avait cependant prié avec foi : mais le Ciel semblait sourd à sa prière.

La Vierge de Notre-Dame des Victoires ne se laissera-t-elle pas toucher? — Cette pensée avait conduit M. N** dans notre église. Pour se rendre à l'autel de Marie, au lieu de suivre le chemin direct, tracé au milieu de l'église, il prit instinctivement celui des bas-côtés latéraux. Arrivé à l'extrémité de la petite voûte qui sépare la chapelle de sainte Anne de celle de l'Archiconfrérie, il s'arrêta et s'agenouilla la tête dans les mains. Sa prière était ardente. Toutes ses douleurs d'hier, toutes ses préoccupations du lendemain, se pressaient dans son esprit : il répétait à la Vierge que son dernier espoir était en elle; qu'elle ne pouvait l'abandonner. Soudain il lève les yeux et les quatre lettres mystérieuses, SPES ! (espérance) frappent ses regards. Ce fut pour lui, comme une apparition céleste. Il lui sembla que l'auguste Vierge se revêtait de ce symbole pour se manifester à lui; qu'elle lui disait : Pourquoi te découragerais-tu? C'est avec raison que tu mets en moi ta confiance. Ne suis-je pas l'espérance des désespérés eux-mêmes?

M. N** fortifié par cette douce inspiration, partit consolé de l'église. Un secret pressentiment lui disait au cœur que Notre-Dame des Victoires allait intervenir en sa faveur, d'une manière efficace.

Il ne se trompait pas. Peu de temps après, par une suite d'heureux événements qu'il n'avait pu soupçonner, ses affaires se relevaient et une position honorable et lucrative lui était offerte.

Quand il eut constaté l'action providentielle de l'auguste Vierge sur lui et sur sa famille, M. N** songea à lui offrir un témoignage de sa reconnaissance. Il n'en trouva pas de plus expressif que de faire graver sur un marbre le mot symbolique : Spes ! sous lequel Marie s'était révélée à lui, et d'y ajouter l'expression de sa gratitude : « Vous avez été mon espérance, acceptez mon action de grâce ! »

Une prière achève l'inscription; elle trahit le cœur d'un tendre père et d'un affectueux époux : « Protégez toujours ma femme et mes enfants. »

La discrétion ne nous permet pas d'inscrire ici le nom de ce généreux chrétien. Il se trouve cependant au bas de l'ex-voto. « Je veux qu'il y soit, nous disait-il ; il me semble qu'autrement le témoignage de ma reconnaissance serait incomplet. »

*
* *

A quelques pas, sur le gros pilastre, près de la grille du chœur, au-dessous de la traduction en français de l'épitaphe de M. Des Genettes, voici une autre inscription qui ne vous intéressera pas moins. L'*ex-voto* porte le n° 2,631. Nos *Annales* en racontaient l'histoire dans leur bulletin de décembre 1864.

Laissez-moi citer cette relation.

Cet *ex-voto* est un des plus précieux, des plus importants que nous ayons reçus durant cette année ; que dis-je? c'est un des plus importants qui couvrent les murs de notre église. Il signale d'abord la conversion de trois protestants anglais, longtemps recommandés aux prières de l'Archiconfrérie. Quoi de plus touchant que de voir ces trois heureux convertis se réunir pour témoigner ensemble de leur reconnaissance à Notre-Dame des Victoires ! Cette triple reconnaissance, manifestée par la vive expression de gratitude gravée sur le marbre et par les trois cœurs qui l'accompagnent, n'est-elle pas un puissant et éloquent langage? On l'a écrite dans la langue anglaise, afin qu'elle offre à tous un caractère plus irrécusable d'authenticité, afin qu'elle ait surtout une voix plus persuasive pour les fils d'Albion, catholiques ou protestants, qui la pourraient lire. Les initiales qui s'y trouvent à côté des dates mémorables des trois conversions, seront sans doute pour plusieurs un mystérieux secret ; mais plusieurs aussi reconnaîtront sous ces simples lettres, les nobles noms qu'elles représentent.

THANK. OFFERING
FROM. THREE. ENGLISH. CONVERTS

A. R.	I. A.	I. G.
4 May	1 June	2 July

1864

Mais ce n'est pas tout ce que nous apprend ce marbre. Au-dessous de ces premières lignes commence une inscription d'une bien autre portée. Il ne s'agit plus ici d'une reconnaissance particulière, c'est un hommage de gratitude offert à Notre-Dame des Victoires, au nom de tous les protestants convertis de l'immense royaume Britannique. Rien ne manque à cette inscription pour en faire un véritable monument : elle est remplie de souvenirs et palpitante d'actualité. On y trouve le nom du très regretté P. Ignace Spencer, le grand inspirateur de cette sainte ligue de prières qui, depuis vingt-sept ans, s'est organisée dans le monde chrétien pour la conversion de l'Angleterre. Saintes prières ! Elles s'inaugurèrent en 1837, à Notre-Dame des Victoires, par la généreuse initiative de M. Des Genettes ; elles n'ont jamais cessé depuis d'y être présentées à Dieu ; elles s'y continuent aujourd'hui encore.

Voici cette inscription :

**RECONNAISSANCE A NOTRE-DAME DES VICTOIRES,
AUX PIEDS DE LAQUELLE TANT DE PRIÈRES ONT ÉTÉ FAITES
DEPUIS LE MOIS D'OCTOBRE 1837,
POUR LA CONVERSION DE L'ANGLETERRE,
A LA DEMANDE DE L'HON. ET REV. GEORGES SPENCER,
RÉCEMMEMT CONVERTI,
CONNU DEPUIS SOUS LE NOM DE PÈRE IGNACE SAINT-PAUL,
DE L'ORDRE DES PASSIONNISTES,
MORT LE 1ᵉʳ OCTOBRE 1864.**

L'inscription se termine par cette touchante exclamation au Cœur de Marie.

**COEUR IMMACULÉ DE MARIE, TRÉSOR DE MISÉRICORDE,
ACHEVEZ VOTRE OEUVRE !
PAR VOTRE TOUTE-PUISSANTE INTERCESSION,
HATEZ LA CONVERSION COMPLÈTE DE NOTRE PAYS.**

C'est sous les auspices du 8 décembre 1864, que ce grand et magnifique témoignage de reconnaissance a été apporté à Notre-Dame des Victoires. Cette date solennelle y est inscrite. Elle s'associe à merveille à ces trois autres dates du 4 mai, du 1ᵉʳ juin, du 2 juillet de la même année, qui rappellent les trois conversions dont nous parlions plus haut, et à celle du 1ᵉʳ octobre où l'auguste Vierge introduisit sans doute au ciel Ignace Spencer, son pieux serviteur.

Le compte-rendu de cette cérémonie se terminait ainsi :

« Depuis cinq années que nous sommes habitués à recevoir, presque chaque jour, de semblables témoignages de reconnaissance, jamais peut-être la réception d'un *ex-voto* ne nous procura une joie plus profonde, plus intime. Celui-ci, en effet, répondait à un désir que nous avions depuis longtemps au fond du cœur. Eh quoi ! nous disions-nous, quand l'auguste Vierge a daigné gratifier une famille de quelque bénédiction temporelle, quand elle vient d'accorder à une mère la guérison de son enfant, à une pieuse jeune fille la conversion d'un frère, d'un père, on s'empresse de lui témoigner une sincère reconnaissance, en fixant aux piliers de son sanctuaire un marbre nouveau. Et depuis vingt-sept ans [1], l'Archiconfrérie ne cesse de supplier le Cœur immaculé de Marie pour l'Angleterre ; — et ces prières, de l'aveu d'un grand nombre de personnes non moins éclairées que pieuses, ont puissamment servi aux heureux progrès de la foi catholique dans ce grand pays, — et cependant nous n'avons dans notre église, au milieu de tant d'autres *ex-voto*, aucun *ex-voto* qui rappelle et tant de supplications offertes à Dieu, et tant de bénédictions reçues. »

Le vénérable successeur de M. Des Genettes se chargea de choisir lui-même la place où serait scellé dans le sanctuaire de Marie un marbre aussi précieux. — Lors de l'importante restauration de l'église, faite en 1863, il avait été décidé qu'on ne mettrait aucune inscription au-dessous des grands marbres qui reproduisent en français et en latin l'épitaphe de M. Des Genettes : ces

---

1. Ces lignes étaient écrites en 1864. Le cycle des Prières faites à Notre-Dame des Victoires pour l'Angleterre compte aujourd'hui 44 ans.

marbres ornent les deux premiers piliers de la chapelle de l'Archiconfrérie. A la vue de l'*ex-voto* du 8 décembre, M. le Curé annula la décision prise, et ordonna de le placer au-dessous de la traduction française de l'épitaphe. Délicieuse pensée ! Aussi bien ce marbre n'est-il pas le couronnement de l'épitaphe de notre vénéré fondateur? Quelle œuvre M. Des Genettes eut-il plus à cœur que la conversion de l'Angleterre ?

Ex-voto au-dessus du tronc destiné aux offrandes pour la chapelle de l'Archiconfrérie.

Maintenant dirigez-vous vers le chœur. Vous allez passer, en suivant le pilier auprès duquel vous venez de vous arrêter, devant le tronc destiné à recevoir les offrandes des pèlerins pour l'entretien de la chapelle de l'Archiconfrérie. Ne manquez pas de remarquer les trois *ex-voto* placés au-dessus du tronc. L'un est en anglais, un autre en allemand, le troisième vient de la Suède.

Ces trois *ex-voto* qui portent les n°s 2,638, 2,659 et 2,261 ont été envoyés, à quelques jours de distance, bien qu'ils accusent des dates différentes pour les faveurs reçues; et ils montrent bien, par leur singulière réunion, ce que vous avez du reste déjà constaté et ce que vous aurez encore à constater en maints endroits de l'église, qu'ici tous les pays du monde se donnent rendez-vous.

CHŒUR

Ex-voto à l'entrée du chœur.

Des *ex-voto* frappent encore votre vue, en entrant dans le chœur. Venez lire quelques-uns de ceux qui sont placés du côté de l'Epître, auprès des stalles, entre les deux piliers.

Le premier porte, à côté du n° 1,550, cette inscription saisissante :

GLOIRE ET RECONNAISSANCE ÉTERNELLE
A LA TRÈS-SAINTE VIERGE MARIE.
MES PARENTS ONT EU RECOURS A VOUS, MÈRE
DES AFFLIGÉS, ET C'EST PAR VOTRE PUISSANTE
INTERCESSION QUE J'AI OBTENU SUBITEMENT
MA GUÉRISON, LE 12 NOVEMBRE 1860, ALORS QUE
LA SCIENCE DES HOMMES ÉTAIT IMPUISSANTE
A. H. T.

Au-dessus est le n° 1,576. Quel souvenir il rappelle !

GLOIRE ET RECONNAISSANCE
A NOTRE-DAME DES VICTOIRES
QUI A GARDÉ NOS ENFANTS
A CASTELFIDARDO
ET A ANCONE
1860

A. DE B.   Vᵉ J. L.

Ces deux signatures sont celles de deux mères chrétiennes. Nous les avions vues venir elles-mêmes recommander leurs fils bien-aimés à Notre-Dame des Victoires, à la veille de ce combat qui imprimera une tache éternelle au front de ceux qui s'arrogèrent le titre de vainqueurs, et dont les vaincus furent autant de héros et de victimes.

Au-dessus encore, vous trouvez les nᵒˢ 1,690 et 1,736, qu'on ne saurait lire d'un œil indifférent.

Nᵒ 1690. MARIE, O TENDRE MÈRE !
VOUS AVEZ SAUVÉ NOTRE FAMILLE D'UNE HORRIBLE
SITUATION.
SOYEZ-EN A JAMAIS BÉNIE !
DAIGNEZ ACHEVER VOTRE OEUVRE EN ARRACHANT
A L'IMPIÉTÉ UN PÉCHEUR ENDURCI.
QUE VOTRE CONSTANTE INTERCESSION NOUS
CONDUISE
TOUS PAR LES VOIES DU SEIGNEUR
A UNE PAIX DURABLE SUIVIE D'UNE SAINTE MORT.

19 MAI 1861.   D. T.   A. M.

N° 1,736. MA BONNE MÈRE

JE NE VOUS QUITTERAI QUE JE NE SOIS EXAUCÉE...

OH ! MERCI, JE SUIS GUÉRIE...

VENEZ VITE AVEC MOI REMERCIER LA SAINTE-VIERGE.

(Paroles de Mlle Léonie Fournaise guérie subitement au pied de l'autel de l'Archiconfrérie, le 12 avril 1859.)

Le temps ne me permet pas de vous raconter toutes les histoires qui se rapportent à ces *ex-voto*. Elles sont conservées dans les archives de l'église ou mentionnées dans les *Annales*.

En voici un autre, tout auprès, dont l'histoire a aussi sa place dans nos *Annales* (bulletin de novembre 1871). Lisez-le ; s'il rappelle les douloureux souvenirs de la Commune, il rappelle aussi qu'en ces mauvais jours, Notre-Dame des Victoires fut, comme toujours, compatissante à ses enfants.

LE 9 MAI 1871,

LES PAROISSIENS DE SAINT-LAURENT

SONT VENUS EN PÈLERINAGE A CE SANCTUAIRE,

POUR OBTENIR DE LA SAINTE-VIERGE LA PRÉSERVATION

DE LEUR ÉGLISE LIVRÉE A LA MERCI DES IMPIES,

ET LE RETOUR PARMI EUX DE LEURS PRÊTRES EXILÉS.

LEUR PRIÈRE AYANT ÉTÉ EXAUCÉE

LE 31 MAI,

ILS ONT ÉLEVÉ CE MONUMENT A LA GLOIRE

DE NOTRE-DAME DES VICTOIRES,

EN TÉMOIGNAGE DE LEUR GRATITUDE ET DE LEUR FILIAL

AMOUR.

L'ex-voto de la Pologne.

Mais voici, du côté opposé, un autre marbre sur lequel je ne puis m'empêcher d'appeler votre particulière attention. Écoutez une page que l'*Écho de Notre-Dame des Victoires* lui consacrait en 1863.

I

Entre les nombreux *ex-voto* qui couvrent les murs de Notre-Dame des Victoires, il en est un qui attire plus particulièrement les regards par sa grandeur et par ses ornements. Il est placé sur le premier pilastre du chœur à droite, en face de l'autel de l'Archiconfrérie. Sur une large table de marbre blanc, rehaussée d'un encadrement de marbre rouge, est gravée en gros caractères l'inscription suivante :

DEI. GENITRICI, VIRGINI
REGINÆ POLONIÆ
EXULTANTIUM
de. ejus. immaculata. conceptione
A. PIO. P. P. IX
DIE. 8. DECEMBRIS. A. D. 1854
DECLARATA. PRONUNCIATA. DEFINITA
ET. IN. CORDE. EJUS. SEMPER. SPERANTIUM
VOTUM POLONORUM.

« A la Vierge, mère de Dieu, reine de Pologne, pleins de joie que son immaculée Conception ait été déclarée, prononcée, définie par N. S. P. le pape Pie IX, le 8 décembre 1854, et mettant en son Cœur toutes leurs espérances, les Polonais ont élevé ce monument. »

Un cœur percé de glaives couronne cette inscription; au-dessous se trouvent les armes de la Pologne. Tout à fait au bas de la table de marbre, on lit ces mots :

HI IN CURRIBUS ET HI IN EQUIS ; NOS AUTEM
IN NOMINE MARIÆ INVOCABIMUS.

« Les uns mettent leur confiance dans leurs chariots rapides, les autres dans leurs coursiers: la nôtre est dans le nom de Marie que nous avons invoqué. »

II

L'origine de cet *ex-voto* remonte aux derniers jours de l'année 1855. Avec cette année 1855, se terminait la vingt-cinquième année de l'exil pour la Pologne.— L'édit de proscription date de 1831. — Un an s'était écoulé depuis la promulgation du dogme de l'Immaculée Conception. Aussi dévoués à la sainte Mère de Dieu que fidèles à leur patrie, et associant ensemble ces deux souvenirs, l'un de douleur, l'autre de joie, les exilés polonais désirèrent célébrer ensemble l'anniversaire du triomphe de la Vierge immaculée, et à cette heure solennelle, au moment de voir s'achever le premier cycle jubilaire de leur infortune, réclamer hautement la protection de la Reine du ciel pour eux et leur cher pays. Le sanctuaire de Notre-Dame des Victoires fut tout naturellement choisi.

Le 13 décembre, à onze heures du matin, presque tous les Polonais, actuellement dans la capitale, entouraient l'autel de l'Archiconfrérie. La veille, la grande table de marbre que nous venons de décrire avait été scellée dans la muraille : le cœur seul n'était point encore placé. Les pieux pèlerins l'apportaient avec eux comme un symbole extérieur, comme un témoignage authentique de leur consécration et de leur prière.

Touchant symbole ! monument mystérieux !

Sur ce cœur est gravée l'image de Notre-Dame de Czeustochowa, l'un des vocables de la **Mère de Dieu** les plus chers à la piété des Polonais. Il est percé de glaives pour signifier que ceux qui l'offrent sont dans la douleur et les larmes, comme la Vierge au Calvaire. Dans ses replis se trouvent cachées des offrandes d'un emblématique langage : de la *terre de Pologne*, de cette terre dont de saints Pontifes ont dit : « Qu'il suffit de la presser dans la main pour en faire jaillir le sang des martyrs ; » un *peu de pain*, plus encore arrosé de larmes que de sueurs, « de ce pain dont la Pologne nourrit tant de nations et qui manque depuis si longtemps à ses fils exilés ; » *quelques pièces de monnaie frappées en* 1831, enfin *des bijoux* de nobles femmes polonaises et une *croix* de vertu militaire, qui brillait naguère sur la poitrine généreuse d'un jeune guerrier, défenseur de son pays.

Evidemment par ces symboles, les Polonais prétendaient confier et consacrer à Marie leurs richesses, leur courage, leur vie, leur patrie et ses destinées.

III

A la tête de la députation polonaise étaient deux prêtres. L'un d'eux, le R. P. Alexandre Jelowicki, proclama du haut de la chaire, dans un éloquent discours, le but de la réunion ; il célébra les gloires de la vierge Marie ; il la salua du titre d'Immaculée ; il l'assura que toute la nation polonaise avait applaudi à son grand triomphe du 8 décembre 1854, et qu'en ces jours comme autrefois, elle la reconnaissait pour sa souveraine et sa protectrice ; puis il pleura sur les malheurs de son pays. « Nos cœurs, disait-il, sont pleins de gémissements ; autrefois dans nos mains brillaient des armes valeureuses : aujourd'hui elles n'ont à soutenir que le bâton du pèlerin et de l'exilé. Au lieu des lauriers de la victoire, nos têtes sont couvertes de la cendre de nos temples renversés, de nos campagnes ravagées, de nos cités brûlées ! »

Mais au souvenir de Notre-Dame des Victoires l'orateur semblait sécher ses larmes et reprendre courage. « Bien que plongés dans la douleur et dans l'affliction, ajoutait-il, nous sommes forts de cette confiance et de cette espérance qu'éveillent en nous la puissance et la bonté de Marie, notre Mère et notre Reine, surtout lorsque nous voyons l'hospitalité qui nous est donnée dans ce sanctuaire, devenu, par les grâces que la Sainte-Vierge se plaît à y répandre, le rendez-vous de toutes les infortunes. » Et il ajoutait encore : « Nation découronnée, mais non découragée, nous nous rangeons autour de Marie, bien assurés qu'un peuple qui lui appartient peut être humilié, éprouvé, châtié même, mais ne peut jamais périr, tant qu'il lui reste fidèle. »

M. Des Genettes répondit à ce discours des paroles pleines de sympathie pour la Pologne. Telle fut cette réponse :

« Mes frères, j'accepte avec joie la mission dont le P. Alexandre, en exprimant vos pieux sentiments, vient de me charger. Je présenterai à Marie, notre mère, que vous avez nommée votre Reine, le gage précieux de votre fidélité et de votre amour, ce cœur que vous lui offrez pour mériter sa protection et son secours dans vos malheurs.

« Vous souffrez beaucoup, mes très-chers frères ; ne cessez donc pas d'élever vos mains vers par Marie, laquelle nous arrivent toute grâce et toute force. Marie ne saurait vous abandonner. Elle vous tiendra compte de l'acte de religion et de confiance, que vous venez d'accomplir avec tant de foi.

« Pour moi, je ne cesserai pas de vous recommander aux prières de l'Archiconfrérie. Toutes les fois que mes yeux se porteront sur le cœur de douleur que vous offrez à Marie, il me rappellera qu'au milieu de nous, il y a une nombreuse famille d'enfants de Dieu, exilés, malheureux, souffrants, et mon cœur suppliant s'élèvera vers votre Reine pour implorer les grâces dont vous avez tant de besoin dans vos dures épreuves. Continuez, mes frères, à les supporter noblement ; et, tout en demandant, avec une soumission parfaite à la volonté de Dieu, le rétablissement de votre chère patrie, tournez vos regards vers cette autre patrie, ouverte à tous et que personne ne saurait nous ravir, si nous vivons et mourons en état de grâce ; vers ce royaume céleste promis par Notre Seigneur Jésus-Christ dans cette bénédiction qui vous touche de si près : « Bienheureux ceux qui souffrent persécution pour la justice, parce que le royaume des cieux leur appartient ! »

IV

Après avoir prononcé ces paroles, M. Des Genettes bénit solennellement le *cœur* que venait offrir la Pologne à Notre-Dame des Victoires. L'*ex-voto* fut immédiatement fixé sur la grande plaque de marbre. Puis, on alluma une petite lampe qui brûle encore aujourd'hui près de lui.

« Il serait impossible de rendre l'émotion dont l'assistance fut pénétrée pendant cette cérémonie, » écrivait, quelques jours après, le R. P. Alexandre au pieux cardinal Villecourt. Et il ajoutait : « Dieu a vu et compté toutes les larmes qui furent versées ; il les adjoindra, nous l'espérons, dans la rémunération future, à toutes les gouttes de sang que nous lui avons données et que nous sommes prêts à lui donner toujours, pour la défense de l'Église et de la justice, sous la conduite et la protection de la Reine de Pologne, Notre-Dame des Victoires. »

Deux ex-voto en lapis-lazuli.

Ces deux petits *ex-voto* à fond bleu et encadrement doré que vous apercevez au-dessus de la première stalle, de chaque côté du chœur, sont les plus précieux de l'église, comme valeur matérielle. Ce fond bleu est du *lapis-lazuli*. Celui du côté de l'Épître est surtout remarquable, au dire des connaisseurs, par sa couleur et sa qualité ; on l'estime 5,000 fr. Il a été du reste offert par un des personnages les plus riches de France. Le second a coûté 1,200 francs [1].

Jeu d'orgue du chœur.

Auprès de l'*ex-voto* de la Pologne, vous voyez un jeu d'orgue : c'est celui qui sert aux réunions

---

[1]. Le petit Jésus en bronze que vous voyez un peu au-dessous de ce second *lapis*, sur l'appui des stalles, est d'un beau travail : c'est un ex-voto de reconnaissance, ainsi que l'indique une courte inscription, gravée sur le socle de la sainte image.

de l'Archiconfrérie. Il occupe toute la première travée du chœur [1]. Autrefois, cette travée était ouverte et donnait accès à la sixième chapelle latérale, ainsi qu'il a été dit dans l'histoire de l'église.

Cette chapelle existait encore en 1812 : nous connaissons une famille qui y avait alors des chaises en location annuelle. Plus tard, elle fut supprimée, mais on construisit derrière les stalles, à l'endroit où se trouve un chiffre doré de la Sainte-Vierge, une petite tribune dans laquelle on pénétrait par la sacristie. C'était là que M. Des Genettes faisait ordinairement son action de grâces, après la sainte messe. Il affectionnait beaucoup cette place, parce qu'il pouvait, de son prie-Dieu, contempler la statue et l'autel de la Très-Sainte Vierge.

Boiserie, stalles et autel du chœur.

I

Tout autour du chœur et du sanctuaire règne une boiserie. Elle est ancienne ; c'est, dit-on, un ouvrage de Bardou, fameux menuisier du siècle dernier. Les ornements qui couronnent les panneaux de cette boiserie, au moins dans le sanctuaire, indiquent son ancienneté : ce sont alternativement des cœurs dorés, des mitres et des crosses ; tous ces emblèmes appartenaient à l'ordre des Augustins réformés. Ainsi qu'on peut

---

1. On serait tenté de croire qu'il y a en face un second jeu d'orgue. C'est une simple ornementation destinée à dissimuler des armoires qu'on a placées là pour la symétrie. Ce travail a été exécuté en 1857,

encore le voir, derrière le maître-autel, le siège du prieur était au chevet de l'église. Les stalles des religieux étaient accolées tout autour du sanctuaire.

L'autel, selon l'usage des basiliques romaines, était alors à l'entrée du sanctuaire (ou chœur des religieux), sous la deuxième travée du chœur actuel. Cet autel était en marbre et enrichi de sculptures et de bronze dorés. Il est resté debout jusqu'au 17 nivôse an IV (7 janvier 1796). A cette époque, il fut enlevé de l'église.

II

L'autel de marbre blanc qui orne en ce moment le sanctuaire a été élevé en 1864 aux frais de l'Archiconfrérie et de la Fabrique de l'église. C'est un beau travail ; il a coûté plus de 20,000 francs [1]. Mgr Darboy, archevêque de Paris, l'a solennellement consacré le 8 décembre 1864, dixième anniversaire de la promulgation du dogme de l'Immaculée Conception. — Plusieurs Associés dévoués ont contribué par leurs offrandes à l'érection de cet autel. Du reste, la première de ces offrandes fut le fruit d'une quête faite à la clôture du mois de Marie 1863, et voici comment elle fut inspirée. Un R. P. Carme prêchait le mois de Marie de quatre heures avec un succès prodigieux. De concert avec le Sous-Directeur de l'Archiconfrérie, il forma le projet

---

1. Le prix du bas-relief doré, qui orne le devant de l'autel, n'est pas compris dans ces 20,000 fr. Ce bas-relief représente la déposition du corps de Jésus au tombeau. M. Des Genettes l'avait reçu en 1847 ou 1848 de Mgr de Forbin-Janson : il était demeuré jusque-là sans emploi. — Le tabernacle en cuivre ciselé se trouvait sur l'ancien autel : il passe pour un très-bel ouvrage de ciselure.

de laisser à l'église un souvenir de cette prédication. Il y avait alors dans le chœur un simple autel de bois peint, plus que modeste : — c'était celui-là même qui avait été placé en 1810. La pensée de changer cet autel contre un autel de marbre vint à l'un et à l'autre. En conséquence, en terminant son dernier sermon, le R. Père annonça à son nombreux et sympathique auditoire qu'il ferait lui-même la quête, et qu'elle était destinée à la construction d'un autel de marbre pour le chœur de l'église. « Vous voyez cet autel, dit-il, il est en simple bois, encore le temps l'a-t-il détérioré. Il faut à la place un autel digne d'un tel sanctuaire. A ce bois substituons le marbre, et que ce marbre soit couvert d'or, et que cet or soit rehaussé de pierres précieuses. ». Le Père fit en effet la quête. Plus de 3,000 fr. furent déposés dans sa bourse. Après le sermon, quelques dames apportèrent des parures et des objets précieux ; une jeune fille envoya le lendemain son couvert d'argent. Quand le vénérable Curé, à qui on avait tu le projet pour lui faire une surprise, reçut ces riches offrandes, il fut ému et bien heureux. « Moi aussi, dit-il, j'avais eu en secret l'idée d'élever un autel de marbre dans le chœur de notre chère église. Je vois aujourd'hui avec satisfaction que ce projet se pourra réaliser. »

*
* *

De nombreux et riches ornements ont été successivement ajoutés, depuis 1872, à cet autel, par M. Chevojon. Le tabernacle a été exhaussé et couronné d'une exposition en bronze doré ; le bas-relief, fort endommagé pendant la Commune, a été restauré habilement ; des candélabres en rapport avec le style de l'église lui ont été ajoutés ; enfin, tout récemment, le rétable de marbre qui le domine, a été chargé de deux magnifiques reliquaires en bronze doré, destinés à recevoir les principales reliques échappées au pillage de 1871.

A la suite de ces restaurations, l'autel qui avait été indignement profané en 1871, fut de nouveau consacré le 9 juillet 1879, par S. G. Mgr Meignan, évêque de Châlons.

Sur la feuille de parchemin renfermée dans le tombeau des reliques, laquelle donne acte de cette nouvelle consécration, on lit ces mots :

Hoc altare jam pridem consecratum, anno Domini millesimo octingentesimo sexagesimo quarto die vero mensis decembris octavâ, a R. R. D. D. Georgio Darboy, archiepiscopo Parisiensi, indigne pollutum in turbulentâ seditione anni millesimi octingentesimi septuagesimi primi, mensis vero maii iterum hodie consecratum est in vigesimo sexto anniversario coronationis Beatæ Mariæ Virginis à Victoriis.

Les tableaux du chœur.

Parmi les objets d'art dont l'église Notre-Dame des Victoires est décorée, on doit mettre au premier rang les tableaux placés dans le chœur.

Ces tableaux, au nombre de sept, sont du célèbre Carle Vanloo, mort à Paris en 1765 [1]. Cette collection, la plus importante de celles qui existent dans les églises de la capitale, autant

---

1. Cet artiste était né à Nice en 1705. C'était un des élèves les plus distingués du célèbre Benedetto Lulli. Il vint en France en 1729. Son talent fut bientôt connu. Vers 1740, il fut nommé peintre du roi (Louis XV) et directeur de l'École de peinture.

par le talent de l'artiste qui l'a exécutée que par le nombre et la dimension des toiles [1], mérite d'autant plus de fixer l'attention qu'elle peut servir à juger de l'état de la peinture en France au milieu du XVIIIe siècle [2].

A cette observation générale que nous puisons dans un rapport fait sur ces tableaux vers 1821, ajoutons, pour compléter leur histoire, qu'ils furent enlevés de l'église en 1792, et portés dans des musées nationaux. Ils furent retrouvés et réunis avec un grand bonheur en 1810. Pendant la grande restauration de Notre-Dame des Victoires en 1863, par l'entremise de M. Ch. Reiset, M. de Niewkerque, directeur général des Musées impériaux, voulut bien leur donner abri au Louvre, et l'on profita de ce déplacement forcé pour les faire rentoiler.

Six des tableaux sont consacrés à saint Augustin. Ils représentent les principaux traits de la vie du grand évêque. Le septième, qui orne le maître-autel, se rapporte à l'origine de l'église. Disons un mot de chacune de ces peintures.

---

1. Quatre de ces tableaux ont environ 5 m. 50 cent. de longueur sur 3 m. 80 cent. de haut. Deux autres ont la même hauteur et seulement 3 m. 20 cent. de large. Le septième, celui du maître-autel, est à peu près carré; il a 4 mètres de hauteur.

2. Ils portent le millésime de 1753. 1754 et 1755; on croit que ces tableaux ont été exécutés, d'après les ordres de Louis XV, en action de grâces des faveurs spéciales que ce prince et ses ancêtres avaient obtenues par l'intercession de Notre-Dame des Victoires.

Tableaux relatifs à la vie de S. Augustin

1er tableau (à gauche de l'autel).

LE BAPTÊME DE SAINT AUGUSTIN

Saint Augustin raconte, dans ses *Confessions*, qu'il reçut le baptême à l'âge de trente-deux ans, avec Adéodat, son fils, et son ami Alipe. C'était la veille de Pâques, 28 avril 387. Tel est le sujet du premier tableau.

Le saint est représenté revêtu de la robe blanche des catéchumènes; il tient un cierge à la main, et incline le front sur les fonts baptismaux. Debout devant lui, le grand archevêque de Milan, saint Ambroise, verse sur sa tête l'eau régénératrice. Adéodat est à côté d'Augustin, dans le même costume et la même attitude que son père. Alipe est à genoux derrière eux, il va tout à l'heure recevoir le baptême. Autour des heureux néophytes, on distingue sainte Monique, mère d'Augustin, Navigius, son frère, Veruncundus, son ami, Trigèce et Liconcius, ses disciples, Lastidien et Rustique, ses parents. Tous l'avaient accompagné dans la retraite qui le devait préparer à l'acte solennel qu'il se proposait d'accomplir; tous aussi voulurent être présents à cette auguste cérémonie : l'artiste ne pouvait les oublier.

2e tableau (1er à droite).

SAINT AUGUSTIN PRÊCHE DEVANT VALÈRE, ÉVÊQUE D'HIPPONE.

Saint Augustin ayant été ordonné prêtre, l'évêque d'Hippone, nommé Valère, s'empressa de l'attacher à son église. La langue latine était alors en usage à Hippone, soumise depuis plusieurs années à la domination romaine. Valère, grec de naissance, ne parlait qu'avec beaucoup de difficulté cette langue. Connaissant le mérite et le talent oratoire d'Augustin, il se fit remplacer par lui dans le ministère de la parole, se réservant d'assister à ses prédications. C'était la première fois, dans l'Eglise d'Occident, qu'un prêtre était chargé de prêcher devant un évêque. Saint Augustin se rendit aux désirs de Valère : il prononça son premier discours à l'occasion de la fête de Pâques de l'année 391, quelques mois seulement après qu'il eût été ordonné prêtre.

Carle Vanloo, inspiré sans doute par les religieux de Notre-Dame des Victoires, ne voulut pas omettre une circonstance aussi importante dans la vie de saint Augustin, et qui pouvait si bien inspirer son pinceau religieux. Il lui consacra le second tableau.

L'évêque Valère, à la tête de son clergé, est assis devant saint Augustin, qui prêche du haut d'une tribune. La pose du grand orateur est fort belle, mais le vieillard qui, de son siège, écoute avec satisfaction et admiration le jeune prêtre, ne mérite pas moins de fixer les regards. Au pied de la tribune, un scribe recueille les paroles de saint Augustin ; sa pose est on ne peut plus naturelle. Dans le nombreux auditoire qui entoure Valère et Augustin, on distingue de magnifiques visages, sur lesquels se lisent les impressions diverses que leur fait éprouver la parole de ce prédicateur tout nouveau pour eux.

3e tableau (2e à gauche).

SAINT AUGUSTIN EST SACRÉ ÉVÊQUE.

Valère, succombant sous le poids des années, craignait qu'Augustin ne lui fût enlevé, et qu'une autre église ne le demandât pour évêque. Il résolut donc de le faire son coadjuteur dans l'épiscopat. Il sollicita et obtint en secret le consentement d'Aurélius, archevêque de Carthage, ainsi que l'approbation du peuple, et celle des évêques de la province de Numidie. Augustin voulut s'opposer à l'exécution de ce projet ; mais il fut obligé de se rendre à la volonté divine qui lui était visiblement manifestée. Il fut sacré au mois de décembre de l'an 395 : Il était dans sa quarante-deuxième année.

Un pareil sujet ne pouvait manquer de produire un grand effet. Carle Vanloo le comprit, et quoique cette toile nous paraisse moins remarquable peut-être que la précédente, elle est cependant fort belle. L'artiste a choisi le moment le plus solennel de la consécration épiscopale, celui où les évêques assistants, ayant au milieu d'eux le nouvel élu, viennent le présenter à l'évêque consécrateur. Les mâles figures de ces évêques de Numidie, celle surtout du vieux Valère, sont pleines d'expression.

4e tableau (2e à droite).

SAINT AUGUSTIN DANS LA CÉLÈBRE CONFÉRENCE DES ÉVÊQUES CATHOLIQUES AVEC LES ÉVÊQUES DONATISTES.

On sait que Donat, évêque de Carthage, fut l'instigateur d'un schisme, qui troubla l'Afrique, pendant plus d'un siècle. Dans le but de mettre fin à un mal si profond, l'empereur Honorius demanda qu'une conférence eût lieu entre les évêques orthodoxes (catholiques) et les évêques donatistes, ainsi appelés du nom de Donat. La conférence avait été fixée pour l'année 411.

Selon les ordres d'Honorius, 281 évêques catholiques et 279 donatistes s'assemblèrent à Carthage. On choisit de part et d'autre sept évêques pour discuter les points que les donatistes refusaient d'admettre. Augustin fut élu le premier parmi les évêques orthodoxes.

La conférence s'ouvrit le 1er juin. Le comte Marcellin, en qualité de tribun et de représentant de l'empereur, prononça en faveur des catholiques. Ce succès fut en partie dû à saint Augustin. Il se distingua entre tous les autres évêques par la science et la sagesse de ses réponses, non moins que par son éloquence. Les évêques schismatiques ne purent réfuter ses arguments.

Un fait aussi important de la vie du grand docteur devait tout naturellement trouver place dans une galerie de tableaux destinés à rappeler les principaux épisodes de cette grande existence.

Le peintre a su, comme il convenait, mettre en relief l'Évêque d'Hippone, qui eut dans cette conférence célèbre la part principale. Le saint expose avec noblesse et avec énergie son avis. Malgré le geste violent de son interlocuteur, on sent qu'il est vaincu par l'argumentation lumineuse d'Augustin. Tous les yeux sont fixés sur ce dernier. Trois scribes, placés près de lui, sont occupés à écrire; l'un d'eux, ravi sans doute par l'éloquence d'Augustin, suspend ses notes pour l'écouter. Toutes les poses, toutes les expressions sont admirables.

Si cette collection de Carle Vanloo est toute composée de chefs-d'œuvre, celui-ci nous paraît le plus remarquable de tous.

On serait tenté de se demander pourquoi tous les personnages qu'on voit représentés sur cette toile, à l'exception des trois scribes, sont debout.

Carle Vanloo a suivi dans ce détail le récit de l'histoire de la conférence. On lit en effet dans ce récit que les évêques donatistes ayant refusé de s'asseoir, les évêques orthodoxes voulurent aussi rester debout, et que Marcellin lui-même, imitant leur exemple, fit enlever son siége.

5º tableau (3º à gauche).

MORT DE SAINT AUGUSTIN.

Le cinquième tableau représente saint Augustin sur son lit de mort, guérissant un malade qui s'était fait porter auprès de lui. Le calme et le recueillement du saint vieillard, sa main défaillante qu'il soulève péniblement pour bénir le malade qu'on lui présente, l'expression de confiance et de reconnaissance de ce dernier, la stupéfaction de ceux qui le portent : tout cela parle à l'âme et l'émeut.

Au-dessus du lit où saint Augustin est couché et tout autour de la chambre, on aperçoit des sentences écrites sur les murs. Ce détail prouve combien Carle Vanloo avait pris connaissance des sujets qu'il voulait peindre. L'histoire de l'Eglise rapporte en effet que saint Augustin étant tombé malade, le troisième mois du siége d'Hippone par les Vandales, ne pensa plus qu'à se disposer à la mort. Il fit à ce dessein écrire, sur la muraille de sa chambre, les sept psaumes de la pénitence, pour les lire de son lit : et il ne les lisait point, ajoute le récit authentique, sans verser des larmes [1].

---

1. Le grand évêque mourut le 28 août 430. Il était âgé de 76 ans et en avait passé près de quarante dans les travaux de l'épiscopat.

6ᵉ tableau (3ᵉ à droite).

TRANSLATION DES RELIQUES DE SAINT AUGUSTIN A PAVIE.

Possidius, évêque de Calame, qui avait assisté aux obsèques de saint Augustin, raconte qu'il fut inhumé à Hippone, dans l'église de Saint-Etienne. Sa dépouille mortelle demeura quelques années dans cette église. Dans le courant du cinquème siècle, Trasimond, roi des Vandales, condamna à l'exil plusieurs évêques de Numidie. Ceux-ci se retirèrent en Sardaigne, emportant avec eux les reliques de saint Augustin.

Au VIIIᵉ siècle, le pieux et magnifique Luitprand, roi des Lombards, ayant appris que ces reliques vénérables étaient profanées par les Barbares, les fit acheter des Sarrazins pour une somme d'argent considérable.

Dès que Luitprand sut que le précieux trésor était arrivé à Pavie, il se rendit dans cette ville avec une grande pompe. Des seigneurs, des évêques, des prêtres et une grande multitude de peuple l'accompagnaient. Après s'être agenouillé devant la châsse du saint, il quitta toutes les marques de la royauté et suivit, la tête découverte et les pieds nus, les vénérables reliques, que les évêques portèrent sur leurs épaules jusqu'à la cathédrale de Pavie [1]. A côté de Luitprand, marchait un page qui tenait son sceptre et son diadème.

Tel est le récit historique qui se rapporte à ce sixième tableau, récit que Carle Vanloo a reproduit fidèlement dans cette belle toile.

---

1. C'était l'église de Saint-Pierre *au Ciel d'or*. Un tombeau tout en marbre avait été préparé avec une magnificence toute royale pour recevoir les saintes reliques. Cette translation eut lieu vers l'an 722.

L'histoire de l'Eglise ajoute que Dieu se plut à opérer de grands miracles dans cette translation ; que plusieurs malades, à qui on fit toucher les reliques du saint évêque ou qui se trouvèrent sur leur passage, furent guéris. Le peintre n'a pas oublié ce pieux détail ; dans le coin à gauche du tableau, on voit un pauvre infirme qui contemple avec un regard tout rempli d'espérance la sainte châsse portée par les évêques, et qui commence à ressentir les heureux effets de ce saint voisinage.

SOUVENIR RÉTROSPECTIF SUR DEUX AUTRES TABLEAUX.

En 1822, d'après un procès-verbal du mobilier de l'église, dressé à cette époque, on voyait à l'entrée du chœur, à l'endroit où se trouvent aujourd'hui les jeux d'orgue et faisant suite aux six tableaux de Carle Vanloo, deux autres tableaux relatifs à la vie de saint Augustin. M. le comte de Chabrol, préfet de la Seine, les avait fait exécuter par Gaillot, peintre assez renommé sous l'Empire et les années suivantes, et en fit don à l'église de Notre-Dame des Victoires, le 18 novembre 1816, au nom de la ville de Paris.

Le premier de ces tableaux destinés à compléter l'histoire de saint Augustin représentait : la *vision mystérieuse de sainte Monique*, dans laquelle Dieu, pour consoler cette pieuse mère, qui ne cessait de pleurer sur les égarements de son fils et de prier pour sa conversion, l'assura par un ange, sous la figure d'un beau jeune homme, qu'elle devait se tenir en paix, que ce fils, sur l'âme duquel elle pleurait, partagerait un jour ses croyances et serait, comme elle, fidèle enfant de l'Eglise. Le second tableau représentait la conversion de saint Augustin, telle qu'elle est racontée au livre de ses *Confessions*.

Ces deux tableaux demeurèrent trente-sept ans dans le chœur. Ils en furent enlevés en 1853, à l'occasion du couronnement de Notre-Dame des Victoires. M. Des Genettes fit peindre, pour la cérémonie, sur les murs que les tableaux décoraient, les armes de la Papauté et celles du Vatican. Faute de meilleure place, les peintures de Gaillot furent suspendues dans la chapelle dédiée à saint Augustin. — M. Des Genettes pensait sans doute les remettre plus tard dans le chœur. Mais l'érection des buffets d'orgue ayant été décidée, en 1857, il fut obligé de se défaire des deux tableaux : il les offrit à l'administration municipale, qui en fit présent à une autre église.

Tableau du maître-autel.

LOUIS XIII DÉDIE A LA SAINTE-VIERGE L'ÉGLISE DE NOTRE-DAME DES VICTOIRES.

La Sainte-Vierge apparaît dans le haut du tableau. Elle est assise sur un nuage ; d'une main elle soutient l'enfant Jésus, debout sur ses genoux, de l'autre elle offre une palme à Louis XIII ; des groupes d'anges l'environnent. Le roi prosterné présente à la Reine du ciel le plan de l'église de Notre-Dame des Victoires qu'il lui dédie. A la gauche du roi est le cardinal de Richelieu ; à sa droite, un des échevins de la ville de la Rochelle remet à Louis XIII les clefs de la ville sur un plateau d'argent. Derrière le groupe royal, se pressent agenouillés, comme leur souverain, des princes, des officiers de la cour et quelques religieux Augustins. Sous le nuage où est la Sainte-Vierge on aperçoit, dans le lointain, la ville de la Rochelle. Aux pieds du monarque, sur le premier plan du tableau, un guerrier mort est étendu ; un drapeau blanc fleurdelisé le couvre en partie. Ce guerrier représente l'hérésie vaincue par les armes de la France, grâce à l'intervention de la glorieuse Vierge qui a toujours triomphé de l'hérésie et des schismes, ainsi que l'Eglise le chante dans sa liturgie sacrée : *Tu cuntas hæreses, sola, virgo, Maria, interemisti.*

CHRONIQUE AU SUJET DU 7ᵉ TABLEAU

Quelques critiques ont accusé Carle Vanloo d'avoir manqué dans cette peinture à la vérité historique.

En effet, il ne paraît pas probable que Louis XIII ait fait, sous les murs de la Rochelle, le vœu de construire l'église des Petits-Pères ; autrement ces religieux n'auraient pas eu besoin d'avoir recours à ce prince, pour le prier de devenir le fondateur de leur église. Toutefois on peut bien supposer que Louis XIII, désireux d'attirer sur ses armes une protection plus spéciale de la Très-Sainte Vierge, avait promis dans cette expédition de bâtir un temple quelconque sous le titre de Notre-Dame des Victoires. Cette supposition expliquerait pourquoi ce prince consentit si facilement aux désirs des PP. Augustins, à la condition toutefois que leur église, qu'ils voulaient consacrer à leur patron (saint Augustin), aurait Notre-Dame des Victoires pour vocable principal.

Quoi qu'il en soit du fait réalisé à la possibilité, Carle Vanloo, usant d'ailleurs du privilége accordé aux artistes, de prêter un peu à la lettre dans leurs œuvres, a bien pu, sans blesser la vérité, représenter Louis XIII agenouillé aux pieds de la Sainte-Vierge, devant les murs de la Rochelle, et lui présentant le plan d'une église qu'il faisait vœu d'élever en son honneur.

*
* *

On raconte, au sujet de la découverte de ce septième tableau et de sa réintégration dans l'église des Petits-Pères, une anecdote dont nous n'osons pas garantir l'authenticité, mais qui, vraie ou supposée, est très-intéressante.

Les six tableaux de la collection de Carle Vanloo avaient été successivement retrouvés et replacés dans le chœur. Seul, celui-ci faisait défaut à l'appel. Bien des recherches étaient demeurées inutiles. Le P. Rivière, ancien religieux Augustin, alors curé de Notre-Dame des Victoires, finit par découvrir le fameux tableau dans la cathédrale de Versailles. Il s'empressa de faire savoir à Mgr Charrier qu'il avait le plus grand désir de faire rentrer son église en possession d'un tableau qui lui appartenait, et qu'il offrait de l'acheter. Le prélat ne consentit, à aucun prix, à se séparer de cette belle peinture, dont le gouvernement lui avait fait don.

Sur ces entrefaites, le P. Rivière eut occasion de voir Napoléon. Dans le cours de l'audience, le zélé Curé ne manqua pas de dire un mot de son tableau et de ses regrets : « Tranquillisez-vous, Monsieur le Curé, repondit l'Empereur, vous aurez votre tableau sans être obligé de le payer. »

Quelques heures après, des ouvriers se présentaient à la porte de la cathédrale de Versailles, et exhibaient un billet, signé de l'Empereur, leur ordonnant de détacher et d'emporter le tableau, auquel ils étaient chargés d'ailleurs de substituer une autre toile. Le lendemain matin, quelle ne fut pas la joie du P. Rivière, quand, en entrant dans son église, il aperçut le précieux trésor.

**

Du reste, cet épisode n'est pas le seul qu'on pourrait citer au sujet de ce tableau. En voici un qui date de la plus terrible année de la Révolution, de l'année 93.

Plusieurs décrets de la Convention avaient ordonné d'enlever partout les emblèmes de la royauté et de la féodalité. Le tableau en question fut signalé comme suspect. Dans le courant de septembre, les citoyens de Wailly, Boizot et Barthélemy, commissaires des arts, se rendirent à l'église de Saint-Augustin des ci-devant Petits-Pères, constatèrent la chose, et dressèrent le procès-verbal suivant qu'ils firent parvenir au Curé.

« L'an IIme de la République une et indivisible, le 4 septembre 1793,

« Les commissaires des arts nommés en vertu du décret de la Convention nationale du 4 juillet dernier, pour la surveillance de la destruction des signes de royauté et féodalité, instruits qu'il existe des signes sur le tableau de l'autel de Saint-Augustin, chargent le citoyen Martin de les faire disparaître avec toutes les précautions que son art lui indiquera [1] et invitent le citoyen Curé de lui procurer toute la facilité possible pour l'exécution du décret indiqué ci-dessus. »

Suivent les signatures.

Le citoyen Martin (Laporte) se mit de suite à l'œuvre. Il demanda soixante-douze livres pour

---

[1]. Un autre peintre, nommé Charles Protain, fut chargé de détruire d'autres *signes de royauté et féodalité* qui se trouvaient dans l'église de Saint-Augustin.

le travail. On possédait naguère encore dans les cartons de la ville son mémoire reconnu et approuvé par les trois commissaires [1]. Il était ainsi conçu :

« Mémoire. — Travail fait en l'église Saint-Augustin, pour faire disparaître les marques de royauté et de féodalité au tableau du fond du cœur (sic) représentant le vœu du ci-devant Louis XIII.

« D'après le pouvoir que m'ont donné les commissaires des monuments nationaux, j'ai fait disparaître, en cinq jours de travail : 1° les marques de royauté, le cordon bleu et le Saint-Esprit ; il a fallu repeindre la cuirasse par-dessus ces objets ; 2° faire disparaître le cordon du cardinal Richelieu et peindre par-dessus un rochet et robe rouge ; 3° faire disparaître une quantité de fleurs de lys qui étaient sur le drapeau, au premier plan de ce tableau, et repeindre à chaque place.

« J'ai été obligé de faire ce travail à près de vingt pieds de hauteur, sur une échelle tremblante pour éviter les frais d'un échafaud.

« Pour ce travail, soixante-douze livres. »

Cette pièce ne laisse pas d'être curieuse. Ce qui est plus curieux encore, c'est que le citoyen Martin ne put pas être payé de suite, parce qu'aucun bureau ne voulait se charger de la dépense. Il fut obligé de se pourvoir devant la Commission des travaux publics. Enfin, le 6 fructidor de l'an III, il obtint, de l'agence du domaine national, un décret en vertu duquel il devait être payé par le receveur des droits d'enregistrement et de l'administration des domaines nationaux.

---

1. C'est aux archives de la ville que nous avons copié ce mémoire. On sait que ces archives ont été brûlées en 1871.

— On avait reconnu que le tableau étant inhérent à fers et à clous à la muraille du domaine national, devait être considéré comme l'immeuble lui-même.

Quand le badigeonnage, dont le citoyen Martin avait recouvert une partie du tableau de Carle Vanloo, disparut-il ? Fut-ce sous l'Empire ou dans les premières années de la Restauration ? Nous n'avons trouvé aucun renseignement à ce sujet. Toujours est-il que, depuis bien des années, l'œuvre de Carle Vanloo a été rétablie telle qu'elle était primitivement.

Cœurs placés dans la corniche de l'entablement au-dessus du maître-autel.

La corniche qui règne au-dessus du tableau du maître-autel, porte écrite avec des cœurs la belle invocation des *Litanies* : *Regina sine labe Concepta*. La confection de cette inscription qui proclame le grand mystère de Marie, date de la restauration faite par M. Chevojon en 1873.

Précédemment on voyait sur cette corniche cinq gros cœurs. C'étaient aussi des *ex-voto* offerts à Marie. Notre précédente édition les décrivait ainsi : « Celui du milieu a été donné, en 1843, par une pieuse association de militaires qui s'était récemment formée sous le patronage de saint Maurice. Il est placé entre deux sabres croisés ; deux branches de laurier l'entourent. Un ancien procès-verbal raconte ainsi la cérémonie de l'offrande de cet *ex-voto* : « Les membres de cette pieuse association accoururent se consacrer au Cœur de Marie, en offrant à cette bonne Mère comme gage de leur dévouement, un cœur orné d'emblèmes guerriers. Près de trois cents militaires se trouvaient réunis ; un grand nombre fit la sainte communion. Ce touchant spectacle émut à un tel point ceux qui étaient présents, qu'un brave officier détacha de sa poitrine la croix d'honneur qu'il portait et vint la déposer sur l'autel de Marie pour l'unir à l'*ex-voto* des militaires. »

« Deux des quatre autres cœurs à grands rayons portent des inscriptions. Sur l'un, à droite, on lit ces mots : *Sancta Maria. — Refugium peccatorum. — Ora pro Marianopolitana diœcesi in Canada sanctissimo ac immaculato Cordi tuo consecrata hac die 7 junii* 1841.

« Sur un autre (à gauche), on lit : *SS° et Immaculato Cordi B. M. Virginis Directores et Alumni Seminarii Vivariensis IX februarii M. DCCXL.* »

Ces cœurs sont aujourd'hui placés en divers endroits de l'église.

Vitrail de l'abside.

Au-dessus de l'inscription : *Regina sine labe*, dans la fenêtre de l'abside, admirez ce beau vitrail.

Un grand crucifix en forme le sujet principal. Des deux côtés de la croix, l'auguste Vierge Marie et saint Jean compatissent aux douleurs de l'homme-Dieu. Auprès du disciple, une jeune femme est à genoux, dans l'attitude d'une fervente prière. Un manteau doublé d'hermine est jeté sur ses épaules; une couronne d'or est à ses pieds. Ses yeux humides de larmes, mais calmes et résignés, contemplent la Vierge, qui lui montre du doigt le divin Crucifié, tout en abaissant sur elle un regard mêlé de compassion et d'espérance. Au-dessus du groupe, un ange, les ailes déployées, tient dans ses bras un petit enfant.

Autour de la peinture, au milieu d'arabesques qui forment l'encadrement du vitrail, on distingue des blasons surmontés de couronnes et les lettres S et Y entrelacées.

Une touchante histoire se rapporte à cette mystérieuse composition.

I

Madame la comtesse Y. de***, duchesse de***, réunissait à toutes les grâces de la jeunesse les charmes séduisants du plus aimable caractère et de la piété la plus vive. Toutes les joies de la terre lui semblaient réservées, et Dieu venait de bénir son heureuse union en la rendant mère. Son mari et elle connaissaient de vieille date M. Des Genettes : il les avait vus l'un et l'autre enfants, et les aimait d'une affection toute particulière.

Un jour de l'hiver 1854, le vénérable Curé voit venir à lui à la sacristie cette illustre dame. Son visage ému lui fait tout d'abord présager quelque triste événement : il apprend, en effet, de la jeune comtesse, que son mari est gravement malade. C'est pour implorer sa guérison qu'elle est accourue à Notre-Dame des Victoires. Elle désire commencer une neuvaine; chaque jour, malgré ses tristes préoccupations, elle se rendra dans le sanctuaire privilégié de Marie. Elle supplie M. le Curé de s'unir à elle et de célébrer lui-même le Saint-Sacrifice à ses intentions durant la neuvaine. Il n'en fallait pas tant pour émouvoir le cœur compatissant de M. Des Genettes. Après avoir mêlé ses larmes à celles de la pauvre dame, par de douces et consolantes paroles il ranime son âme abattue, lui promet de faire beaucoup prier pour le malade, et s'engage à célébrer, selon son désir, les neuf messes.

« Monsieur le Curé, avait ajouté la jeune comtesse, avant de se retirer, j'ai fait vœu à Notre-

Dame des Victoires de lui donner 10,000 fr., si elle m'accorde la guérison de mon mari. » — M. Des Genettes, qui n'attachait qu'une médiocre importance aux plus beaux présents et ne songeait qu'au salut et au bien des âmes, avait à peine fait attention à cette parole, et, à coup sûr, si des prières ferventes s'élevèrent du cœur du saint prêtre, elles furent inspirées par l'amitié et le dévouement.

Le lendemain matin à huit heures, et les jours suivants, un équipage à grandes armoiries s'arrêtait devant le portail de Notre-Dame des Victoires. Une jeune femme, dont la tristesse contrastait avec tous les dehors de la fortune la plus opulente, en descendait, et traversait l'église pour aller s'agenouiller au pied de l'autel de l'Archiconfrérie : c'était la jeune comtesse de***.

Six jours de suite elle revint sans demander à parler à M. Des Genettes. Le septième jour elle attendit le saint vieillard à la sacristie. « O mon Père, lui dit-elle, dès qu'il arriva, ma douleur est plus grande que jamais. Mon pauvre mari est de plus en plus malade. Il m'est venu en idée que Dieu demande de moi un sacrifice. Je suis résolue à m'offrir moi-même pour sauver mon mari. »

M. Des Genettes voulut dissuader la jeune épouse d'un vœu qui pouvait être téméraire ; mais il comprit bientôt que la résolution était inébranlable. Cédant alors à son admiration pour un si sublime dévouement, il bénit avec attendrissement cette femme héroïque ; et les deux jours qui suivirent, il ne cessa d'unir dans une même prière les deux époux, demandant à Dieu de sauver l'un et d'épargner l'autre.

II

Le soir du dernier jour de la neuvaine, l'hôtel de *** était tout en joie : le mourant avait été subitement et comme par miracle rendu à la santé.

Mais le sacrifice de l'épouse avait été accepté : Dieu ne rendait une vie que pour en prendre un autre.

Quelques jours s'étaient à peine écoulés que le petit enfant de madame de *** était frappé d'une de ces redoutables maladies qui, chaque année, viennent mettre le deuil dans les familles. Ce qu'avait été la jeune épouse pour son mari, la jeune mère le fut pour son enfant. Elle ne voulut confier à aucun autre les soins de garde-malade. La nuit comme le jour la retrouvait au chevet du petit être, dont Dieu ne semblait prolonger l'existence que pour manifester le dévouement de la mère. Enfin l'heure du sacrifice sonna : le jeune ange fut appelé au ciel. Dans son excès d'amour maternel, la comtesse voulut recevoir les derniers soupirs de son enfant. Il venait d'expirer qu'elle l'étreignait encore, que ses lèvres le couvraient encore de baisers. Hélas ! dans ces derniers témoignages de son affection, la mère infortunée, l'héroïque épouse devait trouver l'accomplissement du vœu formé quelques semaines auparavant. Le dernier souffle de son enfant lui avait communiqué la mortelle angine qui venait de le ravir à sa tendresse.

A quelques jours de là, le même carrosse dont il a été question plus haut s'arrêtait encore à la porte de Notre-Dame des Victoires. Cette fois, c'était le comte S. de *** qui venait prier pour sa compagne bien-aimée. Mais les vertus de la comtesse l'avaient rendue digne du ciel ; le ciel fut sourd à toutes les prières. La jeune mère alla rejoindre son petit ange.

III

Au milieu de ses larmes et de sa douleur, le comte de *** n'oublia pas la promesse que sa pieuse épouse avait faite à la Sainte-Vierge. Un matin, M. Des Genettes reçut une lettre renfermant dix billets de mille francs.

Depuis longtemps, le respectable Curé de Notre-Dame des Victoires désirait orner d'un beau vitrail la fenêtre principale de son église. La somme mise à sa disposition lui donnait la facilité de réaliser cette pensée. Sans retard il fit commencer le travail, et, avec cette délicatesse extrême qui le caractérisait, il voulut que cette peinture fût un perpétuel monument des faits qui viennent d'être rapportés [1].

IV

N'a-t-il pas réussi, mon cher pèlerin ? Maintenant ne comprenez-vous point ces mystérieux personnages ? Cette femme, les yeux en pleurs, mais résignée au pied de la croix, est la jeune comtesse Y. de la R***. A côté, vous apercevez l'ange gardien de son enfant; il l'emporte dans ses bras, vers les demeures célestes. Pour Marie, elle semble dire à cette mère affligée : « Courage, généreuse chrétienne! Auprès du lit de ton enfant, tu as souffert comme moi au pied de la croix; comme Jésus au Calvaire, tu as donné ta vie pour celui que tu aimais... Le ciel va de-

---

[1]. Cette riche offrande servit aussi à faire exécuter le grand vitrail qui se trouve au-dessus de la chapelle de Saint-Augustin, en face de celle de l'Archiconfrérie. Nous en parlerons plus loin.

venir ta récompense. Si ton fils t'est ravi, c'est afin que ce dernier sacrifice achève de purifier ton âme ; mais tu le retrouveras bientôt, et au milieu des béatitudes de l'éternité, il te sera un doux souvenir de la terre et de l'époux pour lequel tu t'es dévouée. »

SACRISTIES

La porte à votre droite, du côté de l'Epître, donne accès dans les sacristies de l'église. Ne négligez pas de les visiter ; vous allez y trouver des souvenirs précieux.

Trois pièces à la suite l'une de l'autre forment ces sacristies.

La première ouvre sur le sanctuaire de l'Archiconfrérie ; c'est l'ancienne chapelle dite de M. de l'Hôpital, parce que ce pieux seigneur l'avait fait décorer et qu'il y avait son tombeau [1].

Elle a été partagée dans sa hauteur. Les immenses armoires qui couvrent entièrement ses murs renferment une partie du mobilier de l'église. L'escalier tournant que vous voyez, près de la fenêtre, conduit à l'étage supérieur, où se trouvent la salle des archives de l'Archiconfrérie

---

[1]. Cette chapelle était très-ornée avant la Révolution. Le mausolée du marquis de l'Hôpital avait été exécuté par J.-B. Poultier. C'était un cénotaphe de marbre noir auprès duquel une pleureuse de marbre blanc était assise. Elle tenait dans les mains un médaillon sur lequel on voyait représentés les portraits du marquis et de la marquise. Cette belle sculpture se trouve aujourd'hui dans la chapelle de Saint-Joseph : on l'y a placée lors de la première restauration de l'église, après les désastres de 93.

et des chambres de débarras. La seconde pièce, celle où vous êtes entré d'abord, est de construction récente ; elle n'a rien de remarquable. De grandes armoires l'entourent. Les deux tableaux placés au-dessus des portes sont assez bons : le premier représente Marie et les saintes femmes recevant le corps de Notre-Seigneur qu'on vient de descendre de la croix ; le second est intitulé le *Magnificat*. Marie y semble entonner ce beau cantique, en présence de sa cousine Elisabeth.

Des deux cabinets vitrés qui se trouvent à votre droite, le plus grand est réservé à M. le Curé. Entre plusieurs autres tableaux, on y conserve dans un beau cadre doré, le diplôme envoyé en 1853 par le cardinal Mattei, archiprêtre de la basilique Vaticane, et par tout le Chapitre de la sainte basilique, à l'occasion du couronnement de Notre-Dame des Victoires.

Le texte de ce diplôme est entouré d'arabesques peintes à la main, au milieu desquelles brillent les armes de Pie IX, celles du cardinal Mattei et celles du Chapitre du Vatican. Avant 1871, on voyait au bas une espèce de bulle d'or, retenue par une tresse avec gland, et sur laquelle étaient écrits ces mots : *Sigillum capituli S. S. Basilicæ principis Apostol.* Les communards s'en sont emparés. Pour réaliser ce vol sacrilége, ils avaient dû briser le cadre et déchirer une partie du diplôme.

Sacristie des prêtres.

La troisième pièce, plus au fond, est également de construction récente ; elle a été faite en 1857, ainsi que la précédente, aux frais de la ville de Paris, sur l'emplacement des dépendances de l'ancien couvent des Augustins. Ce devait être primitivement une chapelle des catéchismes. Le vénérable Curé la voyant plus à l'abri que toutes les pièces situées de l'autre côté de l'église, lesquelles servaient alors de sacristies pour les messes, la consacra à ce saint usage.

C'est donc dans cette petite salle, qui n'a pas plus de sept mètres de long sur cinq et demi de large, que se rendent chaque matin ces nombreuses légions de prêtres, avides de célébrer les saints mystères à l'autel de Notre-Dame des Victoires, ou du moins dans son église. C'est là que M. Des Genetttes, dans les dernières années de sa vie, recevait une partie de ses pieux visiteurs.

I

Le principal objet qui fixe l'attention, lorsqu'on entre dans cette sacristie, est un magnifique christ en ivoire de près d'un mètre de hauteur. Il est placé dans une large niche et se détache sur un fond de damas violet.

Dans cette vaste armoire en bois de chêne, qui fait saillie au-dessous de la niche, sont déposés la plupart des vases sacrés destinés au service ordinaire de l'église.

Sur les murs, des deux côtés du crucifix, on lisait autrefois les sentences suivantes, recueilies des Pères de l'Eglise, par M. Des Genettes.

Locus [1] *ubi sacerdos orat sanctus est. Ideo procul hinc confabulationes et verba otiosa. Nos loquamur submissa voce.*

1. Ce lieu où le prêtre prie est saint. Loin d'ici les

Sacerdotes qui accedunt ad Dominum, sanctificentur, ne percutiat eos.

Sacerdos, attende : sacrificium quod modo oblaturus es, est unum et idem sacrificium quod Christus instituit in cœna et consummavit in cruce. Quanto ergo cum religioso vultu, quantiscumque adorationis, reverentiæ et pietatis affectibus celebrare debes! Modo Jesus-Christus salvator et Judex supremus hominum aderit in manibus tuis et fiet alimonia animæ tuæ. Hæc attende.

Combien n'est-il pas regrettable que, sous prétexte d'avoir des murs plus blancs et d'une harmonie de ton plus régulière, on ait fait disparaître ces belles sentences !

Une motion fut faite au Conseil de Fabrique le 6 février 1868, dans le but de rétablir l'ancienne inscription. Le projet, après avoir été adopté d'abord, fut ensuite abandonné.

II

Des boiseries sur lesquelles se détachent quelques tableaux, des armoires et de larges

conversations du monde et les paroles oiseuses. Ne parlons nous-mêmes qu'à voix basse.

Que les prêtres, au moment de s'approcher du Seigneur, se sanctifient, de peur que le Seigneur les frappe.

Penses-y bien, ô prêtre ! le sacrifice que tu vas offrir est ce même et unique sacrifice que le Christ a institué au Cénacle et qu'il a consommé sur la croix. Avec quelle religion, avec quelle modestie, avec quel respect, avec quels sentiments d'adoration et de piété ne dois-tu donc pas célébrer ! Tout à l'heure Jésus-Christ, le Sauveur et le Juge suprême des hommes, sera présent entre tes mains et se fera l'aliment de ton âme. Penses-y bien, ô prêtre !

chasubliers occupent toute la partie inférieure des murs de cette sacristie.

Sur un de ces chasubliers, formant crédence, est déposé un gros registre. Tous les matins les prêtres étrangers à l'église, qui y ont célébré le saint sacrifice, sont invités à inscrire sur le registre leur nom, leur titre et leur diocèse. Les noms de pays les plus éloignés les uns des autres se trouvent souvent réunis sur une même page de cet intéressant registre : il a été ouvert en 1862 et forme déjà dix gros volumes in-folio.

La statue qui couronne les grandes armoires représente saint Pie V. Elle est en marbre blanc et d'une belle exécution. C'est un don de Madame la Comtesse de Jurien à M. Des Genettes : Madame de Jurien en avait fait l'acquisition à Rome. Primitivement cette statue se voyait dans la chapelle, dite aujourd'hui de Saint-Jean, près des fonts baptismaux.

III

La grande inscription à fond bleu et lettres d'or, qui tapisse le mur opposé à la fenêtre, rappelle les phases diverses de l'Archiconfrérie.

Elle a été composée, comme l'épitaphe de M. Des Genettes, par Mgr Lacroix. La voici :

ANNO. CHRISTIANO. M. D. CCC. XXXVI

AUCTORITATE. HYACINTHI. DE QUELEN

PARISIENSIUM ARCHIEPISCOPI

IN. HAC. ECCLESIA. TITULO

DOMINÆ. NOSTRÆ. A. VICTORIIS

ERECTA. EST. SODALITAS. A. CORDE. MARIÆ

IMMACULATO

ERRANTIBUS. AD. FRUGEM. BONAM. REVOCANDIS
CONDITORE. EJUSDEM. NON. SINE. SUPERNO
INSTINCTU. PRIMOQUE. PRÆFECTO
KAROLO. ELEONORO. DUFRICHE. DES. GENETTES
HUJUS. PARÆCIÆ. CURIONI. PIENTISSIMO
QUO. ETIAM. CURANTE
ARCHISODALITATIS. TITULO. ET. PRIVILEGIIS. AUCTA
CONSTITUTA. EST.
LITTERIS. APOSTOLICIS. GREGORII. PAPÆ XVI
DIE XXIV. APRILIS. M.D.CCC.XXXVIII
PROPAGATA. JAM. ORBE. QUASI. TOTO. PIA. SOCIETATE
NOVIS. EXINDE. GRATIIS. INDULGENTIIS
EXORNATA. CUMULATA. EST
A. PONTIFICE. MAXIMO. PIO. IX
AMANTISSIMO. BENEFACTORE
IPSOQUE. ADPROBANTE
CORONA. AUREA. A. BASILICÆ. VATICANÆ
CAPITULO. DECRETA
IMAGINI. B. M. V. QUÆ. AD. ARAM. EJUS
HEIC. COLITUR
SOLEMNI RITU EST IMPOSITA
DIE. IX. JULII. M.DCCCLIII
NUPER. VERO. EMINENTISSIMUS
FRANCISCUS. NICOLAUS
S. R. E. CARDINALIS. MORLOT
PARISIENSIUM. METROPOLITA
PRO, SUA. ERGA. ARCHISODALITIUM. N.
PROPENSA. VOLUNTATE
STATUTA. EJUSDEM. DIVERSA. DIVERSO. TEMPORE.
LATA

IN. UNUM. CORPUS. REDIGENDA. COORDINANDA
DECRETO. DIE. XX. DECEMBRIS. M.DCCC.LX. DATO
PROVIDENTISSIME. CURAVIT
HARUMCE. RERUM. NE. MEMORIA. EXOLESCERET
ARCHISODALICII. PREFECTUS. ET. CURATORES
MONUMENTUM. POSUERUNT.

IV

Huit grands portraits ornent les autres parties de cette sacristie. Près de la croix, vous voyez le pape Grégoire XVI et Pie IX; aux deux côtés de la grande inscription, M. Des Genettes et M. Chanal; sur le troisième panneau, au-dessus de la porte d'entrée, Mgr de Quélen, Mgr Morlot et Mgr Darboy; près de la fenêtre, M. l'abbé Fernbach, prédécesseur de M. Des Genettes.

V

Le plus beau de ces portraits est celui de M. Des Genettes. Il a été peint par Court. Laissez-moi vous en raconter l'histoire : elle vous édifiera.

L'origine de cette peinture remonte à l'année 1847, au temps par conséquent, où M. Des Genettes était encore dans toute la force de l'âge, aux premières heures seulement de sa belle vieillesse.

Depuis longtemps, les amis de M. Des Genettes lui demandaient de laisser faire son portrait. M. et Mme Amédée Thayer, qui lui portaient une grande affection, insistaient entre tous les autres. La modestie du bon Curé l'avait toujours empêché de se rendre à ces désirs. Son opposition dura jusqu'en 1847. Cette année, on le sait, fut très-malheureuse pour les pauvres : la récolte avait presque manqué, les vivres étaient fort chers. M. Des Genettes, qui continuait de soutenir la maison des jeunes orphelines de la rue Oudinot [1], était très-préoccupé. Fallait-il voir ces pauvres enfants souffrir de la disette, ou devait-on consentir à réduire le nombre de ces jeunes protégées de la Providence? Tel était le problème que se posait sans cesse le saint Curé. Il fit part de son embarras à son ami, M. Rivard, avec qui il vivait depuis près de trente ans. Celui-ci mesurait plus justement, que ne le faisait l'humble prêtre, le degré de popularité qui s'attachait au nom du fondateur de l'Archiconfrérie; il n'ignorait pas que partout on réclamait son portrait; le livrer au public serait donc à la fois une bonne œuvre et une entreprise utile. « Je sais un moyen très-sûr de vous tirer d'affaire, dit-il à M. Des Genettes d'un air convaincu, mais discret. — Lequel donc ? — Rendez-vous au désir de M. et Mme Thayer. Consentez à vous laisser peindre : votre portrait reproduit par la lithographie sera vendu au profit des orphelines de la Providence, et je vous assure que cette vente deviendra pour votre chère maison une véritable ressource.»

M. Des Genettes, qui avait refusé de se faire peindre, tant qu'il n'avait été question que de se rendre aux vœux de ses amis, si légitimes qu'ils fussent, céda devant l'intérêt de ses pauvres enfants.

M. Court, l'un des peintres de portraits les plus renommés, fut chargé de reproduire sur la toile

---

1. La maison des jeunes orphelines, dite de la Providence, rue Oudinot, n° 1, à Paris, a été fondée par M. Des Genettes, au mois d'octobre 1820, peu après son installation à la cure de la paroisse de Saint-François-Xavier des Missions-Étrangères. C'est une des principales Œuvres qu'il a laissées dans cette paroisse.

les traits du vénérable vieillard. L'habile artiste mit son talent à contribution et tout son cœur aussi. Il ne se borna pas à faire une bonne œuvre; il voulut encore que son tableau fût une bonne action. Dès qu'il connut le motif qui avait déterminé M. Des Genettes à se faire peindre, il demanda la permission de s'associer à cette œuvre de charité, et annonça qu'il ne recevrait rien pour prix de son travail. On ne perdit point de temps : le portrait fut promptement exécuté et lithographié. Les prévisions de M. Rivard se réalisèrent. Dès qu'on sut qu'on pouvait se procurer le portrait de M. Des Genettes, de toute part on s'empressa de le réclamer : des milliers de lithographies furent vendues en quelques mois. Grâce à ce pieux expédient, non-seulement la maison de la Providence fut en état de subvenir aux besoins de ses jeunes orphelines; elle put même en recevoir quelques-unes de plus.

Quant au tableau peint par Court, l'humble Curé ne voulut pas le garder chez lui. Il en fit présent à M. Thayer, qui le conserva comme un précieux trésor jusqu'en janvier 1862 [1]. Dans les derniers jours de ce mois, M. Thayer le donna à la Fabrique de l'église de Notre-Dame des Victoires, pour être placé dans la salle du Conseil.

La lettre suivante, adressée au donateur au nom du Conseil de Fabrique par son président, M. le comte de Germiny, exprime tout à la fois le sentiment de reconnaissance que ce présent inspirait à tous, et les précieux enseignements qui s'attachent au portrait de M. Des Genettes.

---

1. Nous devons tous les détails de ce charmant épisode de la vie de M. Des Genettes à M. de Mont de Benque, secrétaire du Conseil général de la Banque de France, président du bureau des marguilliers de la paroisse et trésorier de l'Archiconfrérie.

« Paris, le 25 février 1862.

« *A M. Amédée Thayer, sénateur*, 19, *rue Saint-Dominique-Saint-Germain.*

» Monsieur le Sénateur,

« Le Conseil de Fabrique de l'église de Notre-Dame des Victoires a été profondément touché de l'offre que vous avez bien voulu lui faire du portrait de M. l'abbé Des Genettes, peint par Court.

« Il accepte avec reconnaissance ce précieux don et le placera, selon votre désir, dans la sacristie du clergé, lieu ordinaire de ses réunions[1].

« Rendant un premier hommage au vénéré pasteur de Notre-Dame des Victoires, le gouvernement de l'Empereur a placé son tombeau près de l'autel de la Sainte-Vierge. Ses hautes vertus ont fixé son souvenir dans le cœur de ses paroissiens; s'il pouvait être oublié, son portrait, chef-d'œuvre d'art et de ressemblance, rappellerait à tous les âges sa grande bonté et la divine inspiration à laquelle l'univers catholique doit le pieux pèlerinage de l'Archiconfrérie.

« Recevez, Monsieur le Sénateur, les remerciements du Conseil de Fabrique, dont je suis doublement heureux d'être l'interprète. Je vous demande la permission d'unir à l'expression de ma reconnaissance celle de mes sentiments les plus distingués et affectueusement dévoués.

« *Signé* Comte de Germiny. »

---

1. C'est en effet, dans cette sacristie que le Conseil de Fabrique se réunit.

Dans le pillage de Notre-Dame des Victoires qui eut lieu sous le règne de la Commune, au mois de mai 1871, le portrait de M. Des Genettes disparut avec tous les objets précieux que renfermaient les sacristies. On constata avec douleur la perte de ce trésor, dès qu'on put pénétrer dans l'église, après le départ des communards : elle fut signalée dans le premier procès-verbal dressé à cette occasion le 26 mai.

Heureusement, le lendemain, dans la matinée, le tableau fut retrouvé par M. de Mont de Benque qui, dans cette circonstance, comme en tant d'autres occasions, a rendu d'éminents services à notre Église. Il le découvrit dans une des salles du Bureau de Bienfaisance de la paroisse, où les fédérés avaient déposé un assez grand nombre d'objets, qu'il leur eût été difficile de transporter immédiatement à leur domicile particulier. La toile était déchirée : une habile réparation dissimule cette déchirure.

VI

Avant de sortir de cette sacristie, mentionnons encore, pour mémoire, deux tableaux qu'on y voyait avant 1871, et qui se trouvent maintenant dans la salle des archives.

Le premier relate une des guérisons les plus étonnantes, obtenues dans les dernières années de M. Des Genettes. — Autour d'une gracieuse image de la Sainte-Vierge, on lit : « Eichstaett, le 21 septembre 1857. Dieu a aidé par l'intercession de Marie, lorsqu'il n'y avait plus à espérer du secours des hommes. » — Au bas : « *Ex-voto* voué par la reconnaissance la plus intime à la sainte Vierge Marie, au secours de laquelle nous devons la guérison merveilleuse de notre révérende mère, Mme Edwarde Schmilzer, prieure du couvent de Saint-Walburg. »

Le second de ces tableaux reproduit une magnifique inscription, composée à Rome, comme les précédentes. Celle-ci énumère les principales indulgences dont l'église de Notre-Dame des Victoires est enrichie. Vous serez sans doute heureux de la connaître, mon cher pèlerin.

PII. IX. PONTIFICIS. MAXIMI
APOSTOLICA. INDULGENTIA

DIE. XXII. OCTOBR. M.DCCC.LXI TRIBUTUM. EST

UTI. HANCCE. DOMINÆ. NOSTRÆ. A. VICTORIIS. ÆDEM

QUI. DIE. QUALIBET. RITE. VISERINT

ET. ADMISSORUM. CONFESSIONE. ABLUTI

SANCTA. DE. ALTARI. PIE. LIBAVERINT

REMQUE. CHRISTIANAM. RELIGIOSE

DEO. COMMENDAVERINT

PIACULO. OMNI. PLENE. EXSOLVANTUR

DEFUNCTORUM. QUOQUE. LABES. ET. PURGATORIAS

POENAS. EXPIARE. SUPPLICANDO. POSSINT

ITEM. DIPLOMATE. XVI. NOVEMBR. M.DCCC.LXV

DATO

SACRARUM. INDULGENTIARUM. QUÆ. IN. URBE. ROMA

STATIVIS. PER. ANNUM. SUPPLICIIS

AC. VATICANÆ. BASILICÆ. VII. ALTARIBUS. VISITANDIS

ADNECTUNTUR

PRIVILEGIUM. INSIGNE. HUIC. N. ECCLESIÆ.

PARTICIPATUM

QUEIS. LECTOR. IN. CHRISTO. UTERE. FELIX.

Salle des mariages et des catéchismes, sacristie des recommandations.

Rentrez dans le chœur, et traversez-le pour vous rendre dans les sacristies, du côté opposé de l'église. Elles sont également composées de trois pièces contiguës. Celle du fond, qui correspond à la sacristie des messes, est destinée aux catéchismes ; la deuxième sert de parloir ; la troisième est le secrétariat de l'Archiconfrérie.

La salle des catéchismes et celle qui la précède formaient, avant la Révolution, deux vestibules qui conduisaient à l'ancienne chapelle provisoire des religieux, devenue la sacristie de l'église depuis l'année 1666, ainsi qu'il a été dit plus haut. Le sol de ces vestibules a été considérablement exhaussé ; on y descendait par un escalier de plusieurs marches. Après la Révolution, et tant que l'église servit de bourse, les vestibules furent occupés par la mairie ; on y avait installé des bureaux, dans lesquels on entrait par le cloître des religieux.

Il en fut ainsi jusqu'en 1809 où l'église fut rendue au culte. A cette époque, l'ancienne sacristie ayant été concédée à la mairie, on disposa les vestibules en sacristie.

Ce fut dans cette sacristie, formant aujourd'hui le sous-sol, que M. Des Genettes entendit, le 3 décembre 1836, cette voix mystérieuse qui, pour la seconde fois, lui disait de consacrer sa paroisse au Cœur immaculé de Marie. (Voir plus haut page 24.)

Le principal tableau qui orne la chapelle des catéchismes a été fait par M. Lafont et offert comme *ex-voto*. Il représente la Sainte-Vierge communiant de la main de saint Jean.

⁂

Avant de rentrer dans l'église, arrêtez-vous un moment dans la troisième pièce ou secrétariat de l'Archiconfrérie. Voyez ce bon frère de la Sainte-Famille occupé à écrire dans son bureau. Continuellement la porte s'ouvre et se ferme : ce sont sans cesse de nouveaux pèlerins qui viennent faire leurs recommandations. Pourrez-vous bien maintenant vous étonner des chiffres considérables de recommandations qu'on accuse, chaque semaine, dans les comptes-rendus de l'Œuvre ?

La porte près du bureau du frère vous conduit dans le transept droit de l'église. Ouvrez-la et parcourons tour à tour les diverses chapelles.

CHAPELLE DE Sᵀ-AUGUSTIN

Dès le premier établissement de l'église, saint Augustin fut honoré dans cette chapelle, la première par le rang : elle se trouve à la droite du chœur. C'était justice, puisque saint Augustin était le premier patron du couvent des Petits-Pères. Probablement même, l'autel du chœur lui aurait été consacré, si Louis XIII ne lui eût donné une dédicace spéciale, celle de Notre-Dame des Victoires.

La statue du saint est toujours le principal ornement de cette chapelle. Avant 93, elle était en marbre, et avait été exécutée par Pigale ; depuis la réouverture de l'église, une simple statue en pierre remplace le chef-d'œuvre des anciens jours.

Avec quelle religieuse admiration, M. Des Genettes ne considérait-il pas cette image de saint Augustin ainsi placée, en face du Cœur Immaculé de Marie ! Elle lui représentait le pécheur, cherchant, pour revenir à Dieu, un abri auprès du refuge de tous les pécheurs.

Combien de personnes, après le fondateur de l'Archiconfrérie, n'ont-elles pas été frappées de ce merveilleux rapprochement, ménagé par la Providence elle-même.

Le digne M. Chanal eut un moment la pensée de consacrer cette chapelle au Sacré-Cœur, et de transférer dans la chapelle voisine, alors sans dénomination, le culte de saint Augustin. Le projet eut même, en 1867, un commencement d'exécution; mais il fut abandonné l'année suivante. Mgr Darboy décida que saint Augustin, deuxième patron de l'église, devait rester titulaire de son ancienne chapelle.

L'ornementation actuelle de cette chapelle, moins l'autel, est la même que celle qui décorait primitivement la chapelle de l'Archiconfrérie. Quand l'église fut rendue au culte, les deux chapelles des transepts furent disposées de la même manière. Deux colonnes ioniques, qui se dressent aux deux coins de l'autel, encadrent une large niche et supportent un fronton triangulaire. Le tout est en bois peint, mais imitant parfaitement le marbre [1].

L'autel, ainsi qu'il a été raconté plus haut, vient de la chapelle de la Sainte-Vierge : il en a été retiré en 1863. Ses larges glaces abritaient naguère des reliques très-précieuses. Six grands reliquaires, la plupart fort anciens et très-remarquables comme œuvre d'art, les renfermaient. Ces reliquaires venaient de l'ancien couvent des Ursulines de la rue Saint-Jacques à Paris. Il avaient été légués en 1825 à M. Des Genettes [2]; celui-ci les donna en 1830 à la sœur Madeleine, supérieure de l'orphelinat de la Providence. La pieuse Supérieure en fit présent en 1862, à M. Dumax, sous-directeur de l'Archiconfrérie. Ce dernier les donna, la même année, à

---

1. Avant la Révolution de 93, on voyait au-dessus de la corniche les quatre évangélistes peints par Robin, peintre du roi et censeur royal (*Guide dans Paris* de 1787).

2. Le *Calendrier Ephémérides* raconte d'intéressants détails sur cette donation faite à M. Des Genettes, p. 61.

Notre-Dame des Victoires, à la condition qu'on les placerait dans l'église et qu'elles y seraient offertes à la vénération des fidèles. La Commune de 1871 n'a pas plus respecté ce précieux trésor que les autres richesses de l'église. Les reliquaires ont été brisés, et la plupart des nombreuses reliques qu'ils renfermaient, jetées aux vents. Plusieurs d'entre elles furent cependant soustraites au pillage par des personnes pieuses ; d'autres furent heureusement retrouvées dans l'église, après le départ des fédérés.

Comme dans la chapelle de la Sainte-Vierge, deux grands tableaux servent d'ornement à l'autel.

Le premier tableau est la représentation du mystère de l'Immaculée-Conception, au sein de l'éternité, tel que Dieu et les anges le pouvaient contempler, bien avant son accomplissement. La Vierge, toute vêtue de blanc, dans l'attitude du recueillement et de la prière, apparaît au milieu du ciel, dans les splendeurs d'une gloire éblouissante. Autour de cette gloire, perdus dans la lumière, des myriades d'anges sont en admiration devant la mystérieuse apparition. — Du milieu de ces anges, se détachent les deux archanges saint Michel et saint Gabriel. Saint Michel présente à Marie immaculée un sceptre et une couronne, symboles de la puissance souveraine, à laquelle la destine sa future dignité de Mère de Dieu : *Astitit Regina a dextris*. — Saint Gabriel lui offre un lys, emblème de la virginité, dont elle conservera la fleur, en devenant Mère de Dieu : *Virtus Altissimi obumbrabit tibi*.

Le second tableau rappelle la scène de la proclamation du 8 décembre 1854. Pie IX est debout sur son trône dans la basilique vaticane ; les yeux élevés vers le ciel, le front tout illuminé d'un rayon d'en haut, inspiré par le prince des Apôtres dont on voit l'image planer au-dessus du trône, le grand Pontife promulgue le décret qui devait placer la croyance à l'Immaculée-Conception de la Très-Sainte Vierge parmi les dogmes de notre foi. Deux cardinaux sont auprès du Pape ; ce sont les cardinaux Antonelli et Patrizi. Au pied du trône, des évêques d'Orient et d'Occident, à la tête du peuple catholique, accueillent avec vénération et reconnaissance la décision du Saint-Père [1].

La première pensée de placer dans l'église de Notre-Dame des Victoires une composition rappelant le souvenir de la promulgation du 8 décembre 1854, date de 1861. Mgr Morlot et dix évêques de France connaissaient le projet et l'avaient approuvé ; plusieurs d'entre eux s'étaient empressés d'envoyer leur souscription. L'illustre Flandrin devait exécuter la peinture. La mort a empêché le grand artiste de réaliser cette œuvre.

Le projet abandonné depuis dix ans fut repris en 1865, par le Sous-Directeur en ce moment à Rome ; il en confia le travail à un habile artiste de la ville sainte, M. Pasqualoni. Les deux toiles étaient achevées dans le courant de 1867 : on attendit jusqu'au 27 octobre, jour de la fête patronale de Notre-Dame des Victoires, pour les placer dans la chapelle de l'Archiconfrérie. C'était en effet pour cette chapelle qu'elles avaient été commandées. Dans la pensée des donateurs, elles devaient être comme un complément de ce sanctuaire, tout entier consacré à la Vierge immaculée, ainsi que le proclame la dédicace de l'autel : *Cordi-immaculato B. Mariæ Virginis.*

---

[1]. Pie IX, de l'avis de tous ceux qui l'ont vu, est admirablement représenté dans ce tableau. C'est bien le saint Pontife, avec cette pose sublime et ce regard saintement inspiré, qui furent l'objet de l'admiration émue de tous les spectateurs, au moment de la promulgation du 8 décembre 1854. Le portrait du cardinal Patrizi, à la droite du Pape, et celui du cardinal Antonelli, à sa gauche, sont également fort bien réussis et très-ressemblants. Les Evêques, qu'on voit au pied du trône de Pie XI, appartiennent aux rites

Le Conseil de Fabrique de Notre-Dame des Victoires avait d'abord hésité à accepter ces deux tableaux, dans la crainte qu'ils eussent moins de prix que ceux qui ornaient la chapelle de l'Archiconfrérie. Il fut même décidé le 17 octobre 1867 qu'avant de les recevoir on prendrait l'avis d'un homme spécial et entendu. On s'adressa à M. Chazal, peintre de talent et frère du contrôleur de la Banque de France. M. Chazal déclara que les nouveaux tableaux étaient très-supérieurs à ceux qu'ils devaient remplacer. En conséquence l'adoption des deux toiles fut votée à l'unanimité.

Nous avons dit précédemment comment ces deux tableaux sont passés de la chapelle de l'Archiconfrérie dans celle de Saint-Augustin. Nous regrettons ce changement, quel que soit d'ailleurs le mérite artistique des deux toiles qu'on leur a substituées[1]. Si la chose eût dépendu de nous, ce n'est pas pour la chapelle de l'Archiconfrérie, à laquelle les deux tableaux de l'Immaculée-Conception convenaient si bien, que nous aurions voulu de nouvelles toiles ; mais bien pour la cha-

---

latin, grec, arménien, syrien et copte. Ils symbolisent l'union de toutes les diverses églises catholiques avec le Pasteur suprême, avec le Pape, successeur de saint Pierre et vicaire de Jésus-Christ.

1. Les deux tableaux de l'Annonciation et de l'Assomption avaient été commandés pour la chapelle de Saint-Augustin. C'est par une décision subséquente du Conseil de Fabrique qu'on les a placés dans la chapelle de l'Archiconfrérie.

pelle de Saint-Augustin elle-même. Ces deux toiles eussent été consacrées à la grande pécheresse convertie, Madeleine : on l'aurait vue dans l'une, brisant son vase d'albâtre aux pieds de Jésus-Christ ; dans l'autre, transportée au ciel par les anges.

Ainsi, en face de l'autel du Cœur de Marie, refuge des pécheurs, et comme s'illuminant au Cœur même de Jésus-Christ, qui s'est fait la rançon du péché, l'humanité tout entière serait représentée par ces deux personnifications de sa misère et de ses faiblesses, Augustin et Madeleine. — Augustin, présentant à tous son cœur enflammé, dirait à tous aussi que l'amour de Jésus-Christ ne peut se payer que par l'amour ; et Madeleine, dans la première et dans la dernière circonstance de cette vie nouvelle que sa conversion venait de lui créer, apprendrait à tous que le véritable amour pour Jésus-Christ sait briser toutes les attaches coupables de la terre, et que la pénitence dans l'amour transfigure les âmes et les prépare pour l'éternelle béatitude. Ainsi le pauvre pécheur et la malheureuse pécheresse, dont Marie aurait triomphé au pied de l'autel de son Cœur immaculé, n'auraient besoin que d'un regard vers l'autel opposé, pour comprendre, par l'exemple de Madeleine et d'Augustin, le moyen de persévérer : la pénitence dans l'amour envers Jésus-Christ, et pour contempler le terme de leur persévérance : le ciel.

Grandes inscriptions placées sur les piliers à l'entrée de la chapelle de St-Augustin.

Sur les deux piliers, à l'entrée de la chapelle de Saint-Augustin, dans de grands cadres de marbre rouge, sont placées deux inscriptions commémoratives. La première, sur le pilier à droite de l'autel, est la reproduction de la formule dédicatoire que le roi Louis XIII fit composer, en 1629, pour la première pierre de l'église. Nous l'avons donnée plus haut, page 5.

Au-dessous de l'inscription, les lignes suivantes, en français, en offrent le résumé à ceux qui ne pourraient lire le texte latin.

L'INSCRIPTION QUI PRÉCÈDE
FUT GRAVÉE, LORS DE LA FONDATION DE L'ÉGLISE,
SUR LA PREMIÈRE PIERRE QUE POSA LOUIS XIII,
LE 9 DÉCEMBRE 1629, DEUXIÈME DIMANCHE
DE L'AVENT,
EN PRÉSENCE DE MGR JEAN-FRANÇOIS DE GONDY,
ARCHEVÊQUE DE PARIS,
ET DES RELIGIEUX
DU COUVENT DES PP. AUGUSTINS DÉCHAUSSÉS
QUI DEVAIENT DESSERVIR L'ÉGLISE.

La deuxième inscription, sur le pilier à gauche, a été faite à Rome, comme celles de la sacristie, par Mgr Lacroix. C'est une notice sur l'histoire de l'église. Quelques lignes en français, placées au bas, en donnent également le résumé.

CURIALEM. HANC. ÆDEM
OLIM. P. P. AUGUSTINORUM. EXCALCEATORUM
A. FUNDATORE. LUDOVICO. XIII. FRANCORUM. REGE
TITULO. DOMINÆ. NOSTRÆ. A. VICTORIIS
ANNO. CHRISTI. MDCXXIX. INSIGNITAM
POSTEA. IN. SPLENDIDIOREM. QUAM. CERNIS. FORMAM
REFECTAM. AMPLIATAM
HYACINTHUS. LEBLANC. JOPPENSIS. EPISCOPUS
DELEGANTE. KAROLO. DE. VINTIMILLE
PARISIENSIUM. ARCHIEPISCOPO
DIE. XIII. NOVEMBRIS. MDCCXL
SOLEMNIBUS. CEREMONIIS. CONSECRAVIT
INFANDIS. VERO. TEMPORIBUS. PROFANATAM
JOHANNES. BAPTISTA. DE. CHABOT. EPISCOPUS
OLIM. MIMATENSIS
REI. SACRÆ. DENUO. MANCIPATAM
ANNO. SALUTIS. MDCCCX. RITE. PIAVIT
DEIN. AB. ANNO. MDCCCXXXVI. DEO. PROPITIO
ET. FORTUNANTE. VIRGINE. FACTA. SEDES
ARCHISODALITII. A. CORDE. MARIÆ. IMMACULATO
ERRANTIBUS. IN. RECTAM. TRAMITEM. REDUCENDIS
LAUS. NOMINIS. EJUS. ET. IN. CHRISTO. GLORIA
LATE. PER. ORBEM. UNIVERSUM. PROPAGATA.

Cette église, dédiée à Notre-Dame des Victoires,
fut fondée en 1629, par Louis XIII,
en action de grâce de la prise de La Rochelle.
Considérablement agrandie plus tard,

elle fut consacrée, le 13 novembre 1740,
par Mgr Hyacinthe Leblanc, évêque de Joppé,
Mgr Charles de Vintimille étant archevêque
de Paris.
Profanée en des temps malheureux,
elle fut réconciliée en 1810,
par Mgr Jean-Baptiste de Chabot, ancien évêque
de Mende.
Elle devint en 1836 le berceau de l'Archiconfrérie
du très-saint et immaculé Cœur de Marie,
pour la conversion des pécheurs.

Vitrail de la chapelle Saint-Augustin.

Si, de cette inscription, qui résume toute l'histoire de l'église, vous élevez vos regards jusqu'à la voûte de la chapelle, vous trouvez, dans un beau vitrail, qui en orne la grande fenêtre, un nouveau résumé de cette histoire, sous des couleurs non moins expressives.

Trois panneaux, l'un beaucoup plus grand, les deux autres de même dimension, partagent le vitrail. Le premier représente Louis XIII consacrant la France à Marie. La Vierge est sur une espèce de trône, dans une pose assez semblable à celle de la statue de Notre-Dame des Victoires; l'Enfant-Jésus est auprès de sa Mère, porté sur des nuages. Le pieux monarque, à genoux, présente à Marie son sceptre et sa couronne. Il est couvert du manteau fleurdelisé. A côté de lui est son royal ancêtre, saint Louis, sur les vêtements duquel les lis brillent aussi de toutes parts. Anne d'Autriche, à genoux comme Louis XIII, contemple la Vierge, et s'unit à l'acte solennel qu'accomplit son époux. Sa patronne, sainte Anne, est debout, auprès d'elle. Sur la draperie, qui couvre le piédestal du trône où repose la Sainte-Vierge, on aperçoit les armes de France et de Navarre.

Deux faits se rapportant à la naissance de Louis XIV sont représentés dans les deux autres panneaux du vitrail. Sur celui de droite, un religieux en prière dans sa cellule voit apparaître la Sainte-Vierge. Elle tient dans les bras un petit enfant. Ce religieux est le frère Fiacre : il prie pour obtenir que la reine Anne d'Autriche devienne mère; l'enfant que Marie lui présente est le jeune dauphin qu'elle va donner à la France. (Voir ce qui a été dit plus haut, p. 16, et la *Vie du frère Fiacre*, p. 38.)

Sur le panneau de gauche, un personnage vêtu de rouge adresse la parole à une noble dame assise. C'est Anne d'Autriche et le cardinal de La Rochefoucault. L'Éminence a tout récemment appris la nouvelle de l'apparition du frère Fiacre; elle vient féliciter la reine.

Ce beau vitrail, ainsi que celui du maître-autel, a été offert par M. le duc de La Rochefoucault et et par sa jeune et héroïque épouse : aussi y voit-on, comme dans le premier, au milieu des arabesques de la bordure, les armes des La Rochefoucault et des Polignac.

LES MARBRES 2,415, 8,008 ET 3,500.

Avant de quitter cette chapelle, prenez encore la peine de lire les inscriptions de quelques *ex-voto*. En voici de bien touchantes et de bien expressives.

Celle-ci, par exemple, qui se trouve sur le contre-pilier, près de la porte de sortie, à la hauteur du tronc des pauvres. L'ex-voto est inscrit dans nos registres sous le n° 2,415.

BONNE MÈRE ! NOUS AVONS IMPLORÉ
VOTRE PROTECTION,
ET NOS VŒUX ONT ÉTÉ EXAUCÉS.
QUE CES MURS SACRÉS PARLENT EN NOTRE NOM !
ET QU'IL VOUS ATTESTENT POUR TOUJOURS
NOTRE RECONNAISSANCE !

N'omettez pas cette autre inscription, marquée du n° 8,008, entre l'autel et le confessionnal :

MARIE-LÉON R***
MORT EN MER LE 2 MAI 1875,
S'ÉTAIT MIS SOUS VOTRE PROTECTION, Ô MARIE !
VOUS L'AVEZ CONDUIT PENDANT SA VIE,
ET SOUTENU A SON HEURE DERNIÈRE.
RECEVEZ ICI LE TÉMOIGNAGE DE NOTRE
RECONNAISSANCE
ET DE NOTRE SOUMISSION.

Cette autre encore, échappée au cœur affligé d'une vertueuse épouse :

NOTRE-DAME DES VICTOIRES,
MERCI !
VOUS M'AVEZ DONNÉ LA JUSTE CONSOLATION
QUI PEUT SOULAGER MON IMMENSE DOULEUR.
VOUS AVEZ SAUVÉ L'AME DE MON MARI !

Elle se trouve à l'angle du gros pilier à gauche, près de la petite grille qui sépare les bas-côtés de la chapelle de Saint-Augustin. Le marbre porte le n° 3,500.

Voûte entre la chapelle de St-Augustin et celle de Notre-Dame des Sept-Douleurs.

Continuez cette intéressante lecture, en poursuivant votre marche, sous la petite voûte qui sépare la chapelle de Saint-Augustin de celle qu'on a récemment dédiée à Notre-Dame des Sept-Douleurs. Ou plutôt ralentissez le pas ; arrêtez-vous même pour lire plus à l'aise tous ces *ex-voto*. Voyez quelle réunion !

Voici d'abord à votre droite, placés au-dessus l'un de l'autre, les n°s 3,530 et 3,534.

RECONNAISSANCE.

UNE PÉCHERESSE CONVERTIE

AUX PIEDS DE NOTRE-DAME DES VICTOIRES.

JUIN 1865.

A MARIE.

UN JEUNE PRÊTRE RECONNAISSANT.

26 MAI 1866.

Ces marbres rappellent deux touchantes histoires dont l'*Echo de Notre-Dame des Victoires* a conservé le souvenir. Vous pourrez les lire au bulletin de mai 1866, p. 100 et au bulletin suivant, p. 117.

A cet autre marbre de la colonne voisine, marqué du n° 3,400, se rapporte une histoire non moins touchante. Il suffit de le lire pour la soupçonner.

VŒU FAIT A NOTRE-DAME DES VICTOIRES.
MISSIONNAIRE SAUVÉ DU CHOLÉRA.
ILE DE HONG-KONG (CHINE).

La relation se trouve au bulletin de l'*Echo* de février 1866.

Oui, ces histoires ne sauraient manquer de vous émouvoir et d'exciter tout votre intérêt. Mais ce marbre, placé du côté opposé, à l'extrémité, et qui porte le n° 2,260, en résume une qui fera sur vous une impression plus saisissante encore. Elle est mentionnée au bulletin de juin 1863, de l'*Echo de Notre-Dame des Victoires*, sous ce titre mystérieux : *Histoire d'un trappiste*. Je cite textuellement la feuille officielle de l'Archiconfrérie.

HISTOIRE D'UN TRAPPISTE

Le respectable M. Des Genettes disait n'avoir jamais célébré la fête de la conversion de saint Paul, et surtout celle du très-saint et immaculé cœur de Marie, sans que la Sainte-Vierge n'accordât à l'Archiconfrérie quelques grâces signalées.

Cette année, 1863, une coïncidence merveilleuse avait réuni ces deux solennités. Le dimanche fixé par le Souverain-Pontife pour la fête patronale de notre pieuse Association, tombait le 25 janvier.

Or, ce jour-là, grâce à la douce intervention de Notre-Dame des Victoires, une conversion éclatante était opérée.

L'heureux privilégié de la Sainte-Vierge est un homme dans la force de l'âge, d'un caractère sérieux et très-versé dans les sciences humaines.

M. A***, après avoir manifesté des dispositions pour la piété dans son enfance, abandonna, vers l'âge de quatorze ans toute pratique religieuse et céda à tous les entraînements des passions. Pendant près de vingt années, il continua cette triste vie. Jamais il ne mettait le pied à l'église; jamais il ne priait. Il avait cependant conservé une médaille miraculeuse que lui avait donnée sa mère : c'était pour lui comme un souvenir du passé; il la gardait dans son porte-monnaie. Quelquefois aussi il lui arrivait de dire, sans y attacher du reste l'idée d'une prière : ô Marie, conçue sans péché, priez pour nous ! — Mystérieux secret du ciel ! le plus souvent, les grands pécheurs qui reviennent à Dieu, se trouvent avoir conservé, au milieu de leurs égarements, un reste de dévotion envers Marie.

Celui dont nous parlons avait une sœur carmélite. Non contente de prier elle-même, la sainte fille ne cessait de recommander son malheureux frère au souvenir des amis de Dieu. Par ses soins, bien des fois on pria pour lui, le dimanche soir, aux réunions de l'Archiconfrérie. Au mois de novembre dernier, la pieuse carmélite apprenant qu'un trappiste, en qui elle avait grande confiance, devait passer quelques jours à Paris, obtint du religieux qu'il ferait une visite à son frère. Celui-ci reçut honnêtement le trappiste, mais ne laissa point entamer la question religieuse. Depuis cette visite, cependant, et bien qu'il continuât de vivre comme auparavant, il se sentait troublé. « Un sentiment de tristesse profonde, nous disait-il, parfois de terreur et d'appréhension s'emparait souvent de moi. En ces moments-là, on aurait dit qu'un manteau de deuil me couvrait tout entier. J'avais alors comme conscience, ajoutait-il, qu'une force étrangère à moi me voulait dans une voie différente de celle que je suivais si obstinément. »

Les choses en étaient là au mois de janvier. Le dimanche 25, jour à jamais mémorable pour M. A***, fut pour lui comme tant d'autres jours : la science, l'étude et les plaisirs y eurent leur part ; rien n'y fut donné à Dieu et à sa conscience.

Vers neuf heures et demie du soir, au moment où se terminait l'exercice de l'Archiconfrérie, durant lequel on avait encore prié pour lui, M. A*** sortait de la maison d'un de ses amis. Tout-à-coup, au seuil même de cette maison, une voix se fait entendre à lui et prononce distinctement à son oreille ces mots : « Auguste ! Auguste ! la miséricorde de Dieu est à vous ! » Cette voix, nous disait quelques semaines après M. A***, encore tout ému à ce souvenir, cette voix était vraiment celle de ma sœur. Et il ajoutait : « En même temps, l'idée de Dieu se présentait à mon esprit. Il me semblait que mes innombrables fautes remplissaient le plateau de la balance de la justice divine ; qu'il ne fallait plus qu'un grain de sable pour combler la mesure, et attirer sur moi les vengeances du ciel. »

M. A*** se rendit chez lui en toute hâte. Là, il se jeta à genoux et prit l'engagement de mettre un terme à sa vie déréglée. Toutefois, il n'était pas décidé encore à se convertir sincèrement et à se donner à Dieu. Pendant huit jours, il lutta contre lui-même.

Le dimanche suivant, sur le soir, passant devant l'église de ***, il y entra. — Cette église possède une association affiliée à l'Archiconfrérie de Notre-Dame des Victoires, et c'est une pieuse pratique de réciter, à chaque réunion, une dizaine de chapelet pour la conversion des pécheurs, en indiquant avant chaque *Ave Maria* une classe spéciale de pécheurs, par exemple : Nous allons dire cet *Ave Maria* pour les pécheurs les plus endurcis, pour les pécheurs qui nous sont plus particulièrement connus, etc. [1]. — Or, au moment où M. A*** entrait dans l'église, les Associés récitaient le chapelet, et le directeur de la confrérie, s'arrêtant un instant selon la coutume, prononça à haute voix ces paroles : « Nous allons dire cet *Ave Maria* pour le pécheur le plus près de sa conversion, et que la grâce de Dieu aurait conduit dans cette église. »

Ce pécheur, c'est moi! se dit aussitôt à lui-même M. A***, et tombant à genoux, les larmes aux yeux, subjugué, vaincu par la grâce, il promettait à Dieu de se convertir sincèrement. Quelques jours après, il se rendait au couvent du Père trappiste qui l'avait visité trois mois auparavant, pour y faire, sous l'influence du silence et de la retraite, une sérieuse confession. Après avoir passé huit jours dans le saint asile de la pénitence, il revint à Paris où l'appelaient les devoirs de sa charge. Mais le souvenir du couvent, de la vie pure et sainte qu'on y mène, loin des dangers du monde, la crainte de retomber dans les séductions qui, depuis tant d'années, l'avaient tenu éloigné de la vertu, tout cela parlait bien haut à son cœur. Dieu m'appelle à la Trappe ! se répétait-il sans cesse à lui-même ; et cette pensée, loin de l'effrayer, consolait son âme et calmait les agitations de son esprit : c'est qu'il jugeait maintenant plus sainement des choses, et qu'il comprenait la nécessité de réparer à tout prix un passé coupable.

Après avoir mis ordre à ses affaires, le 27 mars, le nouveau converti reprenait le che-

---

1. Les diverses intentions de cette dizaine de chapelet sont indiquées page 31 du petit recueil de prières intitulé : *Neuvaines à Notre-Dame des Victoires*. Prix, 20 cent.

min du couvent des trappistes de ***; mais cette fois c'était avec l'idée de s'y enfermer pour toujours.

Le matin de ce jour, M. A*** vint communier à l'autel de l'Archiconfrérie, et nous raconta la merveilleuse histoire de sa conversion. « Racontez-la à votre tour, nous dit-il; je vous donne la liberté de tout dire, à la gloire de ma Protectrice et pour le salut de mes frères.»

Avant de se retirer, il voulut qu'un monument perpétuel, placé dans le temple privilégié de Notre-Dame des Victoires, rappelât à Marie le souvenir d'un fils égaré mais repentant.

Il fit graver sur un marbre l'inscription suivante; vous l'avez sous les yeux :

CONVERTI PAR L'INTERCESSION DE LA

TRÈS-SAINTE VIERGE,

LE 25 JANVIER 1863,

JOUR DE LA CONVERSION DE SAINT PAUL

ET DE LA FÊTE DE L'ARCHICONFRÉRIE,

DONT LES MEMBRES ONT BEAUCOUP PRIÉ POUR MOI,

JE RENDS GRACE A DIEU

ET LUI DEMANDE REPENTIR ET MISÉRICORDE.

A. S.

Puisse ce témoignage authentique d'un grand bienfait reçu, et d'une filiale reconnaissance, devenir, pour tous les pécheurs qui le verront, un titre d'espérance, un encouragement et un touchant exemple !

*
* *

Qu'il nous soit permis d'ajouter un épilogue à cette intéressante histoire. Dans les premiers jours de février de cette année (1881), un vénérable ecclésiastique se présentait à la sacristie, sur les 8 heures du matin ; il demandait à célébrer la sainte messe. Sa barbe blanche, son air ascétique, la bure qu'on apercevait sous son manteau, indiquaient qu'il appartenait à un ordre religieux. On s'empressa de lui céder l'autel de l'Archiconfrérie. Quand il eut quitté son manteau, nous vîmes qu'il portait le beau et sévère costume des Trappistes.

A son retour de l'autel, il nous dit : « Je suis venu à Notre-Dame des Victoires pour demander une grâce importante. Je n'ai d'ailleurs que bien peu d'heures à passer dans la capitale : avant midi, il me faut repartir. » Il ajouta : « C'est avec une grande satisfaction que j'ai dit la sainte messe dans votre église et à l'autel surtout de l'Archiconfrérie. C'était la première fois ; mais je le connaissais, cet autel. Il y a dix-huit ans, il a reçu mes derniers regards, quand je quittai le monde... »

— Eh quoi ! mon Père, dix-huit ans ! Seriez-vous l'heureux converti du 25 janvier 1863 ?

— Oui, c'est moi.

— Que je bénis Dieu de vous revoir, mon Père ! Bien des fois, durant ces dix-huit années, j'ai pensé à vous... Nous avons d'ailleurs conservé de votre passage ici un précieux et permanent souvenir : c'est un marbre sur lequel est gravée une inscription dont vous nous aviez laissé le texte. Avez-vous oublié ce détail de la dernière heure ?

— Non, certes, je ne l'ai point oublié, et je serai heureux de voir de mes yeux ce témoignage de la bonté de Marie à mon égard.

Nous conduisîmes le Trappiste sous la petite voûte de Saint-Augustin, et lui montrant du doigt le marbre 2,260 : « Le voilà ! » lui dîmes-nous. Il lut l'inscription avec une attention recueillie. Puis, il nous dit : « C'est bien cela. » Et avec une émotion qu'il ne cherchait pas à dissimuler, il éleva son regard vers le ciel, nous serra affectueusement la main, et s'éloigna.

Ce que signifiaient ces trois mots : « C'est bien cela! » il était facile de le comprendre. Il y avait là, dans ce laconisme de paroles qui rappelle le silence de la Trappe, un complet *Amen* du religieux à l'action divine sur son âme, dans les jours déjà lointains de sa conversion, et au témoignage de reconnaissance par lequel il avait lui-même alors reconnu et manifesté cette action de Dieu. Quant au regard vers le ciel, il nous semblait dire : « Merci donc, mon Dieu! vous m'avez appris le chemin d'aller à vous. Je le comprends encore plus aujourd'hui que je ne pouvais le comprendre alors. »

Le Trappiste avait disparu. En rentrant à la sacristie, nous remerciâmes N.-D. des Victoires de nous avoir ménagé cette consolante visite. O Vierge, lui disions-nous, c'est une grande joie de voir à vos pieds des pécheurs convertis par vous ; mais c'est une bien plus grande joie encore de voir vos heureux convertis persévérer dans la vertu et devenir des saints. Puissent tous ceux que votre maternelle intervention ramène à Dieu, marcher sur les traces du généreux Trappiste, dont le marbre 2,260 nous rappellera plus que jamais la touchante histoire !

Chapelle de Notre-Dame des Sept-Douleurs.

Le culte de Notre-Dame des Sept-Douleurs, qui avait été si florissant dans l'église de Notre-Dame des Victoires, depuis le 24 mars 1657 jusqu'en 1789, fut comme oublié, lorsqu'après les mauvais jours de la Révolution, l'ancien sanctuaire des Augustins eut été déclaré paroisse.

M. des Genettes s'en souvint au moment où il érigea l'Archiconfrérie, et il pria le Saint-Père de désigner Notre-Dame des Sept-Douleurs comme la grande patronne de cette sainte œuvre destinée au rachat des pécheurs.

Ce fut probablement en 1844 que le digne curé songea à dédier, sous cet ancien et nouveau vocable, une des chapelles de son église. La troisième du bas-côté droit, aujourd'hui affectée au Sacré-Cœur, lui parut la plus convenable pour cette sainte dévotion. Il y fit placer un très-pieux tableau représentant la Sainte-Vierge, assise au pied de la croix, et soutenant dans ses bras le corps inanimé du Sauveur. Pendant trente-deux ans ce fut dans cette chapelle et devant cette dévote peinture, que les fidèles vinrent prier la *Mater addolorata*.

Lors des dernières restaurations de l'église, M. Chevojon crut devoir réserver au Sacré-Cœur la chapelle destinée jusque-là à Notre-Dame des Sept-Douleurs, et la chapelle voisine de Saint-Augustin fut en conséquence désignée pour recevoir l'ancien vocable.

Cette chapelle était dédiée avant 93 à saint Jean-Baptiste. Elle datait de la fin du XVIIᵉ siècle. La veuve de Lulli en acquit la propriété en 1688; elle en affecta immédiatement le caveau à la sépulture de son mari : saint Jean-Baptiste était le patron du défunt.

Nous n'avons pas la description de cette ancienne chapelle, mais les beaux pilastres de marbre rouge moucheté de blanc qui servent encore d'encadrement à l'autel sont de cette époque, et indiquent assez que cette décoration devait être splendide.

Parmi les principaux objets d'art qui concouraient à l'ornementation de cette chapelle, figurait le tombeau de Lulli. Nous aurons à le mentionner tout à l'heure dans la troisième chapelle de ce même bas-côté (première en entrant).

Après la tourmente révolutionnaire, la chapelle de saint Jean-Baptiste resta longtemps sans autel et sans désignation spéciale. M. Des Genettes y avait placé son confessionnal, au-dessous de la fenêtre, à la place où se trouve aujourd'hui l'autel. C'est donc dans cette chapelle que des miliers de pécheurs sont venus déposer le fardeau de leurs misères aux pieds du vénérable fondateur de l'Archiconfrérie. Que ce souvenir est sacré!

Trois ans après son arrivée à Notre-Dame des Victoires, M. Chanal eut la pensée de rétablir l'ancienne chapelle. D'après une décision du Conseil de Fabrique du 25 juin 1863, un autel en bois de modeste apparence y remplaça, dès cette époque, le confessionnal de M. Des Genettes[1].

L'autel actuel date de l'année 1876. Il a été construit par les soins de M. Chevojon avec les offrandes des pèlerins et des fidèles qui suivirent, durant cette année, les exercices du mois de Marie. Le tombeau de cet autel, aussi bien que le tabernacle et le gradin sont en marbre blanc, incrusté de marbres de couleurs et enrichi d'ornements en bronze doré. La porte du Tabernacle est en bronze. L'arrière-corps de l'autel et le rétable sont en pierre de Caen, avec incrustation de laves émaillées dans les soubassements. Au-dessus de la corniche, au droit des colonnes, deux anges tiennent les instruments de la Passion.

---

[1]. Ce confessionnal est celui que nous venons de voir dans la chapelle de Saint-Augustin, près de la grille.

Le bas-relief qui occupe le milieu du rétable, représente, comme dans l'ancien tableau, le corps de Jésus descendu de la croix et reçu par sa très-sainte Mère. Cette composition est de M. Charles Gauthier, statuaire distingué : elle a été exécutée à Caen, dans les ateliers de MM. Francis et Aimé Jacquier.

*
* *

On voyait naguère du côté gauche de cette chapelle[1], dans la partie cintrée, aujourd'hui toute couverte de marbres, un grand tableau représentant la Très-Sainte Vierge apparaissant à un pauvre villageois au milieu de la campagne. C'était un souvenir de Notre-Dame de Savone, dont la statue ornait, avant 93, l'autel de la Vierge. Ce tableau avait été donné à M. Des Genettes.

Un peu au-dessous, sur la boiserie, occupée par un confessionnal, se trouvait alors un second tableau de médiocre grandeur. L'image représentait la sainte face de Notre-Seigneur. Auprès de ce tableau brûlait perpétuellement une lampe; un prie-Dieu de bois lui servait d'accompagnement. Tous ces pieux objets étaient des *ex-voto* : ils dataient de 1853. Plus d'un pécheur et plus d'une âme affligée sont donc venus se prosterner à cette place, et y ont puisé une grâce de générosité et de patience. Aujourd'hui la sainte image se conserve dans la chapelle des catéchismes.

*
* *

Le caveau de la chapelle des Sept-Douleurs, aujourd'hui muré par l'autel, restera célèbre

---

1. Le côté gauche de la chapelle est à la droite du visiteur, lorsqu'il regarde l'autel.

dans l'histoire de Notre-Dame des Victoires, non-seulement à cause du célèbre musicien dont il porte le nom, mais encore à cause de la scène de vandalisme qui s'y passa le 18 mai 1871.

Nous avons dit ailleurs, dans la notice sur M. Chanal, que ce digne curé avait eu la malheureuse pensée de cacher dans un des caveaux de l'église les plus précieux objets du culte. Parmi ces objets se trouvaient des ostensoirs, des ciboires de grand prix : l'un d'eux était chargé d'émaux anciens ; des bracelets en pierres fines, les principales parures de la Vierge et toutes ses riches couronnes : deux avaient été données par une vice-reine d'Islande, les deux autres venaient de Pie IX. Or, le caveau choisi par M. Chanal est justement celui de cette chapelle. Tous les trésors, qu'on voulait y soustraire à la rapacité des futurs envahisseurs, étaient renfermés dans une grande et forte caisse. En l'absence de témoins, M. Chanal fit creuser dans le caveau de Lulli une fosse assez vaste pour recevoir cette caisse : elle fut placée le long du mur, au-dessous du passage communiquant à la petite voûte : quelques centimètres de terre recouvraient seulement le trésor [1].

Comment les misérables, qui s'emparèrent de notre église, le 17 mai, surent-ils que de si précieuses richesses étaient renfermées dans ce caveau? Nul ne pourrait le dire. Toujours est-il que la découverte qu'ils en firent fut saluée par de féroces acclamations, et que, dans l'espérance de trouver ailleurs d'autres objets de prix, ils ouvrirent tous les caveaux de l'église, et les saccagèrent sans merci.

1. Cette place fut choisie par respect pour les restes du célèbre artiste qui se trouvent au milieu du caveau.

Chapelle de la Sainte-Enfance.

Cette chapelle est une des plus jolies de l'église. Son nom, aussi bien que l'autel qui la décore, rappellent le souvenir de Mgr de Forbin-Janson. Le zélé fondateur de l'Œuvre de la Sainte-Enfance, voulant mettre son œuvre bien-aimée sous la protection de Notre-Dame des Victoires, inspira à M. Des Genettes la pensée de consacrer une des chapelles de son église à Jésus enfant, et lui proposa de l'orner. M. Des Genettes s'empressa d'accéder à ce pieux désir, et désigna cette chapelle qui était alors sous le vocable de saint Charles [1]. L'autel en marbre est peu gracieux, mais on admire beaucoup les deux palmiers qui l'ombragent de leurs rameaux.

Le tableau du rétable représente l'intérieur de la grotte de Bethléem et l'Enfant-Jésus, sur la paille, entouré d'un groupe d'anges en adoration. Ce tableau a été placé en 1877.

Avant la Commune, on voyait sur le gradin de l'autel l'image en galvano plastique de l'Enfant-Jésus dans son berceau, escorté de Marie et de Joseph à genoux. C'était un don de Mgr de Forbin-Janson. Ces saintes images furent à demi brisées dans le pillage du mois de mai 1871. Elles ont été réparées depuis par les soins de M. l'abbé Amodru ; on les voit aujourd'hui dans l'église d'Aubervilliers.

---

[1]. Avant la Révolution, elle était dédiée à saint Martin. Lors de la réouverture de l'église, on lui donna pour patron saint Charles Borromée. En 1822, un tableau de l'illustre cardinal, administrant aux malades les secours de la religion, pendant la peste de Milan, ornait l'autel. C'est en 1843 ou 1844 qu'eut lieu le changement de vocable.

La Chapelle de la Sainte-Enfance est toute couverte d'*ex-voto*, comme les autres chapelles de l'église. Celui-ci à votre gauche, sur lequel vous apercevez une branche de marguerites, mérite de fixer votre attention. Avant 71, il avait pour vis-à-vis de charmantes roses; elles ont disparu durant les jours de la Commune. L'*Écho de Notre-Dame des Victoires*, dans son bulletin de 1865, consacrait à ces deux tableaux les lignes suivantes :

« Deux *ex-voto* d'un nouveau genre ont contribué, durant ce mois, à la décoration de la pieuse chapelle. Les marbres portent en lettres d'or : Action de grâce et prière, avec cette date : 28 août 1865 sur le premier, 16 nov. 1865 sur le second. Au-dessus de la première inscription, on admire une délicieuse peinture : ce sont des roses jetées négligemment, mais des roses ravissantes, aussi belles, je crois, que la nature les sait faire. Des marguerites non moins belles, non moins ravissantes, font pendant sur l'autre marbre. L'habile artiste qui a donné ces *ex-voto* a eu plusieurs pensées en peignant ces fleurs. Les roses rappellent un tableau à peu près semblable dont elle est l'auteur et qui se trouve, je crois, chez l'impératrice. Avant d'envoyer son œuvre à l'exposition, elle était venue en recommander le succès à Notre-Dame des Victoires. Notre-Dame bénit si bien les belles roses, qu'elles captivèrent les regards de l'Empereur dans une de ses visites au Musée et furent achetées par lui. Les marguerites, avec leurs myriades de pétales, sont destinées à symboliser toutes les grâces accordées par Marie dans son sanctuaire, et la date qui se lit au bas, 16 *novembre*, est un touchant souvenir de la bénédiction accordée par le Saint-Père à tous les Associés. Ainsi ce petit tableau est plus qu'un *ex-voto* ordinaire ; il parle pour tous, il appartient à tous. Le mot *prière* a aussi son sens à lui ; nous le respecterons et nous unirons notre prière à celle de la pieuse donatrice. »

Chapelle de Saint-Jean l'évangéliste.

Cette chapelle était dédiée avant la Révolution à sainte Geneviève. Après la réouverture de l'église, elle resta sous l'invocation de la Patronne de Paris. Il en était de même en 1822. Les archives de l'église de cette année en font foi. Elles ajoutent que sainte Geneviève y était représentée dans trois tableaux de différentes dimensions.

Par les soins de M. Des Genettes, cette chapelle a été restaurée en 1844 ; les boiseries et l'autel en furent alors entièrement renouvelées, et l'on ménagea dans le rétable trois niches de différentes grandeurs.

M. Des Genettes fit placer dans chacune d'elles des statues : au milieu, le saint Pie V, que nous avons vu tout à l'heure à la sacristie ; à droite, sainte Geneviève ; à gauche, saint Charles, qui était titulaire de la chapelle voisine, et qu'on venait de déposséder : c'était de plus le patron de M. Des Genettes. Depuis cette époque, on désignait également cette chapelle sous le titre de saint Pie V, de sainte Geneviève ou de saint Charles, mais ce dernier nom avait prévalu.

En 1866, les directeurs de l'Archiconfrérie, croyant répondre à la pensée de Rome, en faisant honorer, avant tout, dans l'église de Notre-Dame des Victoires, les patrons que le Saint-

Siége avait donnés à l'Archiconfrérie, eurent l'idée de consacrer cette chapelle à saint Jean l'Evangéliste, à saint Jean-Baptiste et à sainte Madeleine et de l'appeler la chapelle de Saint-Jean. L'autorité diocésaine ayant accédé à ce désir, les trois anciennes statues furent transportées à la sacristie, et les niches furent occupées par les statues nouvelles.

Depuis, une dernière modification a été apportée à cette chapelle ; cette modification date de 1878. Deux des niches ont été supprimées, et saint Jean l'Evangéliste est seul resté titulaire. A cette même époque, l'ancien autel a disparu. Celui qu'on lui a substitué se trouvait dans la chapelle du Sacré-Cœur : il est en bois sculpté et d'un très-beau travail, paraît-il. Peut-être peut-on regretter les peintures dont on l'a chargé : elles en déprécient la valeur artistique.

*
* *

Ainsi que nous l'avons dit plus haut, l'un des ornements de cette chapelle est le tombeau de Lulli [1]. Ce monument est un ouvrage de Cotton, l'un des meilleurs élèves de Michel Anguier, à qui l'on doit les bas-reliefs de la porte Saint-Denis. Il est placé du côté gauche au-dessus de la petite voûte qui conduit à la chapelle. Il se compose d'un cénotaphe de marbre noir [2] que

---

1. Madame de Sévigné était grande admiratrice de la musique de Lulli. En sortant du service funèbre du chancelier Séguier, où elle avait entendu des morceaux du célèbre artiste, elle écrivait : « Je ne crois pas qu'il y ait une autre musique au ciel ».

2. Sur ce cénotaphe on lit en grosses lettres : JEAN-BAPTISTE LULLI, mort en 1687, par Cotton. Ces mots ont été gravés lors de l'envoi du tombeau au Musée français.

domine le buste en bronze de Lulli et auquel sont adossées deux femmes, dans l'attitude d'une profonde douleur ; peut-être symbolisent-elles l'art du chant et celui de la symphonie. Deux génies, représentant la musique religieuse et la musique profane, sont assis au pied du buste de Lulli. Sur une large table de marbre, au-dessous du mausolée, on lit l'inscription suivante, qu'on laisserait de côté à cause de son verbiage, si elle n'exprimait comment, dans le grand siècle de Louis XIV, les arts comme la science savaient être religieux :

Ici repose Jean-Baptiste de Lulli, écuyer, conseiller, secrétaire du Roi, maison et couronne de France et de ses finances, surintendant de la musique de la chambre de Sa Majesté, célèbre par le haut degré de perfection où il a porté les beaux chants et la symphonie, qui lui ont fait mériter la bienveillance de Louis-le-Grand et les applaudissements de toute l'Europe. Dieu, qui l'avait doué de ces talents par-dessus tous les hommes de son siècle, lui donna, pour récompense de ces cantiques inimitables qu'il a composés à sa louange, une patience vraiment chrétienne dans les douleurs aiguës de la maladie, dont il est mort le XXII mars MDCLXXXVII (1687), dans la LIVe année de son âge, après avoir reçu tous les sacrements avec une résignation et une piété édifiantes.

Madeleine Lambert, sa femme, ayant acquis des RR. PP. Religieux de cette maison, le 5 mai 1688, cette chapelle et la cave au-dessous, pour sa sépulture et celle de ses descendants, elle a fait dresser ce monument à la mémoire de son époux, comme une marque de son affection et de sa douleur.

Priez Dieu pour le repos de son âme.

Un médaillon en marbre blanc, dû au ciseau de Coysevox, achève l'ornementation du mausolée [1]. C'est le portrait authentique du célèbre compositeur. Comme on ne pouvait pas le mettre auprès du tombeau, on l'a placé derrière, dans la chapelle voisine; il est uni au mausolée par ces beaux vers de Santeuil, qu'on a gravés au-dessous, sur une plaque de marbre blanc : cette plaque fait suite à l'inscription précédemment rapportée.

Perfida mors, inimica, audax, temeraria et excors,
Crudelisque et cœca, probris te absolvimus istis;
Non de te querimur, tua sint hæ munia magna.
Sed quando per te, populi Regisque voluptas,
Non antè auditis rapuit qui cantibus orbem,
Lullius eripitur ; querimur modo; surda fuisti.

Chapelle des fonts baptismaux.

On ne sait pas à quel usage était destinée cette chapelle avant la Révolution ; elle n'avait probablement pas de saint titulaire. Les fonts baptismaux y ont été établis, lorsque l'église est devenue paroisse.

Cette chapelle est presque sans aucun ornement. Un seul objet mérite de fixer l'attention :

---

1. Ce n'est que vers la fin de l'année 1822 ou peut-être en 1823, que ce médaillon, avec les vers de Santeuil, ont été ajoutés à l'œuvre de Cotton. Ce médaillon avait été longtemps conservé au Musée des monuments français. C'est grâce à la puissante intervention de M. de La Folie, conservateur du Musée, que la Fabrique de l'église l'a obtenu. Dans un relevé du mobilier de l'église de 1822, il est ainsi noté : « Ce médaillon est d'un prix inestimable. »

Du reste, ce fut aussi à la même époque que le tombeau de Lulli fut rendu à l'église. Il en avait été

c'est un bas-relief placé au milieu de la boiserie. Il a été donné à l'église par Mgr de Forbin-Janson. Il représente saint Pierre et saint Paul, enchaînés dans la prison Mamertine, au moment de baptiser leurs geôliers et quelques soldats romains. Saint Paul adresse la parole aux nouveaux catéchumènes, pendant que saint Pierre verse l'eau régénératrice sur leurs têtes [1].

Un bas-relief semblable se voit à Rome, au fond de la prison Mamertine, dans le cachot même où furent enfermés les apôtres saint Pierre et saint Paul, et où s'accomplit le fait qu'il exprime. C'est un don, comme le nôtre, de Mgr de Forbin. Tous deux ont été exécutés par M. Bonnassieux, ancien pensionnaire de l'Académie de France à Rome. Mgr de Forbin-Janson, qui était alors *custode* de la prison Mamertine, fit construire, en 1842, un nouvel autel dans cette prison, et eut la pensée de le décorer du bas-relief en question. Il ne put être placé qu'en 1844. Mgr de Forbin venait de mourir : ce fut son successeur dans la charge de *custode*, Mgr Lacroix, qui s'acquitta de ce soin. Auprès de l'autel et du bas-relief de Mgr de Forbin dans la prison Mamertine, on lit ces mots, gravés par les associés de la Confrérie que

---

enlevé au mois de janvier 1796, ainsi que cela es constaté par un procès-verbal dressé au nom de la Commission des Arts, et transporté au Musée national. En vertu d'un arrêté de M. de Chabrol, préfet de la Seine, du 15 mars 1817, et d'une lettre adressée par lui à M. le Curé et à MM. les administrateurs de la Fabrique, en date du 15 mai 1822, le monument fut rapporté du Musée et rétabli dans l'église. Dans une note des archives de N.-D. des Victoires, il est dit qu'on l'a placé dans la chapelle qu'il occupait précédemment. C'est une erreur : il était primitivement dans la chapelle qui porte aujourd'hui le titre de Notre-Dame des Sept-Douleurs.

1. Ce bas-relief était primitivement doré.

présidait le pieux prélat : *Confratri amantissimo sodales justa persolvunt.* On pourrait écrire les mêmes remerciements auprès des mêmes objets offerts à Notre-Dame des Victoires par le fondateur de l'Œuvre de la Sainte-Enfance.

Inscriptions relatives au couronnement de Notre-Dame des Victoires.

En quittant la chapelle des fonts, vous vous dirigez vers la chapelle opposée du côté de l'Epitre pour achever le tour de l'église. Ne négligez pas de donner un coup-d'œil, en passant, à quatre grandes inscriptions sur marbre blanc, à lettres rouges, placées sur la face intérieure des gros piliers de ces deux chapelles. Ces inscriptions rappellent un des faits les plus glorieux pour l'église de Notre-Dame des Victoires et pour l'Archiconfrérie : le couronnement de la statue de la Sainte-Vierge, qui eut lieu le 9 juillet 1853, ainsi qu'il a été rapporté plus haut. Elles racontent les principales circonstances de cette belle cérémonie. Elles ont été composées par M. Lenormand, membre de l'Institut, et ami de M. Des Genettes.

Les voici pour mémoire, si le temps ne vous permet pas de les lire sur les marbres même de l'église. Les deux premières sont à l'entrée de la chapelle que vous allez visiter.

I

PIUS. PAPA IX

QVOD. VRBE. SEDITIONIBVS. TVRBATA. OBSESSA

OPPVGNATA
SACRA. INVIOLATA. ÆDES. INCOLVMES
RELIGIO. INTEGRA
MANSERVNT
QVOD. IPSE. IN. ACERBITATE. TEMPORVM
EXSILIIQVE. AERVMNIS
DVM. CAIETAE. DEGIT. SPE. NVMQVAM. MINVTA
SOLATIVM. CONSTANTIAM. FIRMITVDINEM
ANIMI. SENSIT
PERSPECTIS. PRAETER. EA. TOT. TANTISQVE. SIGNIS
QVIBVS. IN. HOC. SACELLO. TVTELA
BEATISSIMAE. MARIAE
SOLE. CLARIVS. ELVCET
VIRGINI. DEIPARVE. QVAE. A. VICTORIIS
NVNCVPATVR
BONVM. EXITVM. GRATIAMQUE. REFERENS
IMAGINEM. CELEBERRIMAM
MARIAE. DEVM. INFANTEM. AMPLECTENTIS
AB. ORDINE. REVERENDISSIMO. CANONICORVM
BASILICAE. VATICANAE
CORONIS. AVREIS. DONARI. PROBAVIT
VTQUE. MVNVS. LAVTIVS. SIT
STIPEM. SVAM. BENIGNE. CONTVLIT. V. S. L. M.

Le Souverain-Pontife Pie IX, reconnaissant de ce que, pendant les troubles qui désolèrent la ville de Rome, et pendant le siége qu'elle eut à souffrir, les édifices furent conservés intacts, et tous les sanctuaires respectés, et de ce que lui-même, forcé par le malheur de s'exiler à Gaëte, y goûta la consolation, y reçut la force et le courage, sans jamais avoir vu faiblir son espérance ; de plus rendant grâces des prodiges signalés opérés dans le sanctuaire de Notre-Dame des Victoires, par l'intercession de l'auguste Marie, approuva le dessein du vénérable Chapitre de la basilique Vaticane de gratifier de couronnes d'or l'Image célèbre de Marie tenant en ses bras le divin Enfant ; et afin que le présent fût plus magnifique, il y apporta généreusement son offrande.

II

PIVS. PAPA. IX

SACRVM. RITVM. CORONANDAE. IMAGINIS

VIRGINIS. DEIPARAE

QVAE. A. VICTORIIS. NVNCVPATVR

FESTO. VISITATIONIS. S. MARIAE. VIRGINIS

ILLA. IPSA. DIE

QVA. EXERCITVS. GALLICVS

NON. SINE. MITISSIMAE. MATRIS. PATROCINIO

VRBEM. SEDITIONE. LIBERAVIT

ET. PONTIFICI. VIAM. APERVIT. MOX. REGRESSVRO

IV. NON. IVL

PERAGI. IVSSIT.

Pie IX, pape, ordonna que la cérémonie du couronnement de l'Image de Notre-Dame des Victoires fût faite le jour de la Visitation de la Sainte-Vierge : ce même jour, en 1849, l'armée française, aidée de la protection de la très-douce Mère, avait délivré la ville de Rome et préparé la rentrée prochaine du Souverain-Pontife.

III

ORDO. CANONICORVM. BASILICAE. VATICANAE
S. PETRO. PRINCIPI. APOSTOLORVM. DICATAE
EX. ANTIQVO. PRIVILEGIO
SIBI. A. SVMMIS. PONTIFICIBVS. CONCESSO
FAMA. GRATIAQVE. BENEFICIORVM. COMMOTVS
QVAE. BEATISSIMAE. VIRGINIS. IN. HAC. AEDE
PRAESENTIAM
MANIFESTO. DECLARANT
IN. PRIMIS. QVOD. PONTIFICEM
AVXILLIO. EXERCITVS. GALLICI. REDVCTVM
APOSTOLICAM. SEDEM. CONFIRMATAM
VRBEM. SERVATAM
EIVSDEM. PATRONAE. TVTELAE. LVBENTER
ADSCRIBAT
CORONAS. AVREAS. DONO. MISIT
QVIBVS. SACROSANCTA. IMAGO. VIRGINIS. DEIPARAE
IESVM. INFANTEM. AMPLECTENTIS
A. VICTORIIS. NVNCVPATAE
SOLEMNI. RITV. REDIMATVR
QVICVMQVE. IGITVR. DEVM. AMANT. ET. EIVS
BENIGNISSIMAE
MATRIS. PATROCINIO. CONFIDVNT

CIVES. MILITES. SACERDOTES
PVERI. ET. SENES. VIRI. ET. FEMINAE
CONCVRRANT. ADSINT. EXVLTENT. PLAVDANT
COR. SANCTISSIMVM. ET. IMMACVLATVM
BEATAE. MARIAE. PRECENTVR
GALLIAE. FELICITATEM. ECCLESIAE. LIBERTATEM
CVNCTIS. HOMINIBVS
SALVTEM. FAXIT. DEVS. EXORANTES.

Le Chapitre de la Basilique du Vatican, dédiée à saint Pierre, prince des Apôtres, en vertu d'un antique privilége accordé par les Souverains-Pontifes, touché des faveurs signalées dont la Sainte-Vierge récompense ceux qui l'invoquent dans ce temple, et reconnaissant de ce que le Souverain-Pontife fut ramené à Rome avec l'aide de l'armée française qui sauva la ville et le siège apostolique, a envoyé des couronnes d'or destinées à être placées solennellement sur l'Image de la Vierge Mère de Dieu, qui est honorée à Notre-Dame des Victoires. Que tous ceux qui aiment Dieu et ont confiance dans la protection de la bénigne Mère, citoyens, soldats, prêtres, jeunes et vieux, hommes et femmes, accourent, se réjouissent et soient dans l'allégresse, et prient le Cœur très-saint et immaculé de Marie. Daigne Dieu exaucer les vœux qu'ils feront pour le bonheur de la France, la liberté de l'Eglise et le salut des hommes!

IV

AVE. REVERENDE. PRAESVL
VENERANDI. PRINCIPIS. BARTHOLOMAEI. PACCA
S. R. E. CARDINALIS

PII. SEPTIMI. DVM. EXVLAVIT. DVM. VIXIT
SANCTITATI
DEVOTISSIMI. FRATRIS. FILI
TE. DECEBAT. PII. NONI. NVPER. EXSVLIS
ERGA. VIRGINEM. LIBERATRICEM
MANDATVM. EXSEQVI
QVI. FIDEM. CONSTANTIAM. STVDIVM
CAETERASQVE. VIRTVTES. SACRO. MVNERI. IDONEAS
EXEMPLO. DOMESTICO. DIDICISTI.

Salut, respectable prélat, neveu du vénérable Barthélemi Pacca, prince cardinal de la sainte Eglise, qui fut tout dévoué à Sa Sainteté Pie VII, dans l'exil et jusqu'à la mort. Il vous appartenait bien d'être chargé par Pie IX, naguère exilé, de remplir une si belle mission auprès de la Vierge libératrice, vous qui avez puisé dans les exemples d'un tel oncle la foi, le courage, la science, et toutes les autres vertus propres au saint ministère.

L'inscription des bénitiers.

La dernière inscription que vous venez de lire se trouve sur le pilier gauche de la chapelle des fonts. Entre cette inscription et le bénitier, remarquez une table de marbre blanc, sur laquelle est gravée en lettres rouges une belle sentence, empruntée à l'ancienne église de Sainte-Sophie à Constantinople, et devenue célèbre par le vers grec rétrograde qui l'exprime :

νιψον ανομηματα μη μοναν οψιν

ABLUE PECCATA NON SOLAM FACIEM [1]

Une inscription semblable avait été donnée à l'église, en 1821 ou 1822, par M. Scellier, amateur d'antiquités. Elle était en lettres d'or sur marbre gris.

En 1863, lors de la grande restauration de l'église, cette table de marbre fut enlevée, sous le prétexte qu'elle contrastait avec la blancheur du pilier et détruisait l'harmonie des lignes.

La disparition de ce souvenir précieux était bien regrettable. MM. les fabriciens de l'église eurent l'heureuse idée, en 1868, non-seulement de rétablir l'ancienne inscription, mais encore d'en orner les deux bénitiers placés à l'entrée de l'église.

Ils y ont fait ajouter une traduction française, exprimée par ce vers alexandrin, dû au R. P. Lefèbre, de la Compagnie de Jésus :

C'est l'âme et non le corps qu'il faut purifier.

Ces deux plaques de marbre, perdues au milieu de toutes les autres, sont de petits chefs-d'œuvres d'exécution. Avant de les faire confec-

1. Le texte grec (seule partie de l'inscription qui vienne de Ste-Sophie de Constantinople), est, paraît-il, postérieur de quelques années à Constantin-le-Grand ; il appartient par conséquent, au milieu du IVe siècle. Dans l'église de Sainte-Sophie, il était gravé autour d'une colonne qui soutenait un bénitier. Toutes les lettres se suivaient, sans aucune intervalle, pour distinguer les mots.

Ainsi disposée, l'inscription formait tout à la fois une

tionner, M. de Benque, trésorier du Comité de l'Archiconfrérie et marguillier, consulta M. Léon Renier : on sait que M. Renier est membre de l'Institut, et le plus habile épigraphe de France. M. Renier indiqua pour le texte grec les caractères de l'époque damasienne, voisine de celle de Constantin : les épitaphes des catacombes retrouvées par le célèbre commandeur de Rossi, et reproduites dans son grand ouvrage *Rome souterraine,* lui en fournirent de beaux types. — Pour le texte latin, M. Renier donna également des caractères de l'époque du pape saint Damas. — Enfin, pour la traduction française, on se servit de caractères de l'époque de la fondation de l'église Notre-Dame des Victoires, le milieu du XVIIe siècle.

Les piliers de la grande nef.

Avant 1863, un certain nombre de marbres couvraient la face extérieure des piliers de la nef. Les motifs qui firent supprimer l'inscription de Constantinople, firent aussi disparaître tous ces marbres. Si c'est une amélioration, n'est-elle pas

espèce d'énigme et un de ces jeux d'esprit dans lesquels les Grecs excellaient. En effet, 1° les lettres étant les mêmes et observant le même ordre, dans les deux parties de la phrase, soit en descendant, soit en remontant jusqu'au T, qui en forme le milieu, l'inscription se pouvait lire de droite à gauche et de gauche à droite ; 2° la difficulté de déterminer les mots, et d'apercevoir le commencement de la phrase, dans cette disposition circulaire des lettres, dont la dernière touchait la première, rendait le sens de l'inscription impossible à saisir à première vue.

bien regrettable ? Un jour, il faut l'espérer, on reviendra sur cette décision. Nos *ex-voto* de marbre ne sont-ils pas la vraie parure des piliers aussi bien que de toute l'église ?

Chose étonnante, en 1809, lorsque l'église fut rendue au culte, alors qu'elle ne présentait aux regards qu'un vaisseau nu et dépouillé, la première dépense de luxe, dit le rapport de 1822, fut l'emploi d'une somme de 3,500 fr. pour l'achat de plusieurs tableaux qui furent placés dans la nef et dans les chapelles latérales. Cinquante ans plus tard, on devait décider qu'on ne placerait plus aucun tableau dans la nef et sur les murs latéraux des chapelles.

Aujourd'hui, on ne voit sur la face extérieure des piliers de la nef que les tableaux du chemin de la Croix. M. Chevojon les y a fait placer en 1874. Ces tableaux, de petite dimension, renferment, dans leur encadrement en cuivre doré, de délicieuses peintures sur lave émaillée.

Chapelle de Saint-Pierre.

L'érection de cette chapelle est de date toute récente. Nous ne savons pas à quel saint elle était consacrée avant la grande Révolution ; mais un guide dans Paris de 1737 assure qu'elle était toute revêtue de stuc et qu'on y voyait un tableau de prix peint par Lagrenée jeune, peintre du roi. Depuis la réouverture de l'église, on l'avait laissée sans destination spéciale, et c'était une pitié de voir comment en 1860, cette chapelle, la première qui s'offre aux regards des pèlerins, servait de lieu de débarras pour une partie du mobilier de l'église et pour le service des pompes funèbres.

Chapelle de Saint-Pierre.

Au mois de novembre 1861, l'idée vint de consacrer cette chapelle au Prince des Apôtres, en reconnaissance de toutes les faveurs spirituelles que le Saint-Siège avait accordées à l'église et à l'Archiconfrérie, et d'y offrir à la vénération des fidèles une copie exacte de la statue de saint Pierre, telle qu'on la voit dans la basilique Vaticane, à Rome. Le 22 février suivant, fête du premier établissement de la chaire de saint Pierre (à Antioche), la chapelle fut inaugurée. En voici la description.

La statue de saint Pierre y occupe la place d'honneur. Il n'y a point d'autel. Cette statue est en bois de tilleul bronzé ; les pieds seuls sont en bronze ; c'est une reproduction fidèle de la statue du Vatican. Saint Pierre est assis sur le Siège apostolique. De la main gauche il tient les clefs, symbole du pouvoir spirituel qui ouvre les portes de l'Eglise et celles du ciel ; de l'autre il bénit ; une auréole brille sur sa tête. Le piédestal en marbre [1] de la statue a également la forme de celui qui se trouve à la Vaticane. Un baldaquin de velours cramoisi domine la statue ; deux grands candélabres lui servent d'accompagnement. Un peu en avant, au milieu d'un beau lustre donné par l'Association du Denier de Saint-Pierre [2], brûle perpétuellement une lampe en l'honneur du grand Apôtre et du Saint-Siége. Les deux autres lampes, qui brûlent aussi perpétuellement, ont été données par Mgr de Ségur. Les armes de la papauté, la tiare avec les clefs

---

1. Ce piédestal de marbre date de 1869 : il a été donné par le comte Edm. Lafont. Le précédent piédestal était en bois de chêne. Le panneau du milieu renfermait dans un cadre doré un *fac-simile* très-exact des chaînes de saint Pierre qu'on possède à Rome.

2. Il s'agit de lŒuvre du *Denier de saint Pierre par cotisation*. Elle a été inaugurée le 29 juin 1866 à Notre-Dame des Victoires.

en sautoir, ornent le vitrail de la chapelle. A l'entrée sont suspendus deux médaillons représentant les armes de Pie IX et celles de la basilique Vaticane.

L'érection de la chapelle de Saint-Pierre dans l'église de Notre-Dame des Victoires, mon cher pèlerin, est un épisode si intéressant et d'une si véritable importance dans l'histoire de cette église, qu'on pourrait lui réserver un chapitre supplémentaire. Sachez du moins que depuis le 22 février 1862, cette chapelle est devenue le centre d'un véritable pèlerinage. Parmi les nombreux pèlerins qui visitent Notre-Dame des Victoires, il en est peu qui ne s'arrêtent un moment auprès de la statue de saint Pierre, soit en entrant, soit en sortant, pour y offrir à Dieu l'hommage de leur attachement à l'Eglise et au Saint-Siége, et y déposer une prière pour le Souverain-Pontife. La visite de cette chapelle est d'ailleurs enrichie de précieuses indulgences.

Laissez-moi aussi vous faire remarquer une coïncidence vraiment digne de fixer l'attention. N'est-il pas étonnant que le souvenir de saint Pierre, du Saint-Siége et du Pape (ces mots sont synonymes plus que jamais) se trouve providentiellement placé à l'entrée de l'église de Notre-Dame des Victoires, dans les deux premières chapelles qui frappent les regards du pèlerin, et que ce souvenir rappelle les deux grands traits de la vie du Prince des Apôtres, résumé mystérieux de l'histoire de l'Eglise et de la papauté : les humiliations de la prison Mamertine, et les splendeurs de la basilique Vaticane ?

Vitrail de la chapelle de Saint-Pierre, à N.-D. des Victoires.

Chapelle de Saint-Joseph.

Nous sommes ici dans une des chapelles les plus chères aux Associés de l'Archiconfrérie. Qu'était-elle primitivement? Il est très-probable que cette chapelle, du temps des Augustins déchaussés, était consacrée à Notre-Dame-des-Sept-Douleurs, et que c'était là que se réunissaient les Associés de la confrérie établie sous ce titre [1]. Du reste, dans ce temps-là, aucune chapelle n'était dédiée ici à saint Joseph. On lui en consacra une après la Révolution, mais c'était la chapelle voisine; celle-ci fut placée sous le patronage de sainte Hélène. Du moins telle était la disposition adoptée en 1822; un rapport, daté de cette année, ne permet pas d'en douter.

En 1844, M. Des Genettes trouvant la chapelle de sainte Hélène plus convenable pour le culte du saint Epoux de Marie, la lui consacra. C'est à cette époque que fut faite la principale ornementation de cette chapelle. Plus tard, en 1857, elle fut encore perfectionnée. Cette ornementation n'a du reste rien de bien extraordinaire; mais elle est régulière et noble. On y a suivi l'ordonnance du style ionique. La statue du saint est très-vénérée. Dans le mois de mars surtout on vient de partout la visiter. (Voir au *Coutumier*.)

*
* *

Le mausolée que vous voyez à droite de l'autel, au-dessus de la petite voûte qui sépare cette

---

[1]. Le *Dictionnaire historique des bénéfices et établissements ecclésiastiques*, publié en 1778, désigne cette chapelle sous le nom de N.-D. des Sept-Douleurs.

chapelle de la suivante, a été érigé à la mémoire de Jean Vassal, secrétaire du roi Louis XIV, ainsi que l'indique cette belle inscription gravée sur une table en marbre noir : *D. D. Joanni Vassal — regiis a secritis — parenti dilectissimo, viro pietate in Deum, obsequio in regem, meritis in patriam — commendatissimo — filii mœrentes posuere.* Une pyramide également en marbre noir se dresse sur le cénotaphe; un médaillon représente le portrait du défunt. Ce monument est d'un bel effet. Il se trouvait probablement autrefois dans la chapelle précédente : c'est du moins ce que semble indiquer le *Guide* de 1787 [1].

Sur la paroi opposée, cette pleureuse assise sur une dalle de marbre blanc appartenait au mausolée du marquis de l'Hôpital, qu'on voyait, avant la Révolution, dans la sixième chapelle du même côté, laquelle sert aujourd'hui de sacristie.

Chapelle du Sacré-Cœur.

Avant 93, cette chapelle était consacrée à saint Eusèbe. Elle avait été très-probablement ornée par Eusèbe Chaproux de Verneuil, introducteur des ambassadeurs, à qui les religieux l'avaient concédée, et qui y fut enterré en 1745. (Voir *Dict. hist. des Bénéfices,* publié en 1778, t. I, p. 74.)

---

1. Le *Dictionnaire historique des bénéfices*, cité plus haut, dit que cette chapelle avait été acquise par Samuel Bernard, personnage, ajoute-t-il, devenu fameux par les richesses qu'il a acquises en France. Louis XIV, auquel il avait eu le bonheur d'être utile dans les circonstances difficiles où ce prince se trouva sur la fin de son règne, l'avait fait chevalier de Saint-Michel.

Nous avons dit plus haut que M. Des Genettes la dédia vers 1844 à Notre-Dame des Sept-Douleurs. C'est en 1874 que le vocable fut changé, et qu'on lui substitua celui du Sacré-Cœur.

L'autel actuel a été exécuté en 1877. Il est tout-à-fait dans la façon de celui que nous avons remarqué tout-à-l'heure dans la chapelle des Sept-Douleurs. Le bas-relief qui forme la partie principale du rétable est également en pierre de Caen, mais il est disposé dans la hauteur, ce qui donne à l'ensemble des ornementations de la chapelle un aspect plus élancé que dans la précédente.

Quoique le sujet de ce bas-relief ait été particulièrement étudié, paraît-il, on en peut justement critiquer l'ordonnance. A première vue, en effet, on prendrait cette apparition de Notre-Seigneur à la bienheureuse Marguerite-Marie, pour l'apparition du Sauveur à sainte Madeleine, le matin de la résurrection.

Les boiseries de cette chapelle sont **estimées**. Elles datent du temps des Augustins.

Chapelle de Sainte-Anne.

Autrefois dédiée à saint Nicolas de Tolentin, qui y était représenté dans une magnifique peinture de Galloche, cette chapelle resta depuis 1809 jusqu'en 1865 sans destination spéciale. En cette année, le conseil de l'Archiconfrérie décida qu'on y élèverait, à ses frais, un autel à sainte Anne, l'une des patronnes de l'Association.

Cet autel était de bien mesquine apparence : on avait voulu utiliser les restes d'anciennes boiseries.

M. Chevojon entreprit sa reconstruction en 1879. Le travail fut confié, comme celui de Notre-Dame des Sept-Douleurs et du Sacré-Cœur, à MM. Jacquier. La même idée d'ensemble que dans les deux précédents autels a présidé à la composition de celui-ci. Le tout a été coordonné dans le style Louis XIV. Quant au bas-relief, il représente sainte Anne assise enseignant la Sainte-Vierge debout auprès d'elle. Les deux personnages, sainte Anne surtout, sont peut-être un peu grands pour le cadre où ils se trouvent.

Les ex-voto de la voûte qui conduit de la chapelle de Sainte-Anne à celle de l'Archiconfrérie.

A droite de la chapelle de Sainte-Anne s'ouvre une petite voûte qui conduit à l'autel de l'Archiconfrérie. Quand vous l'aurez franchie, vous aurez achevé votre pieux pèlerinage. Mais arrêtez-vous-y un moment; vous y trouverez de douces émotions, comme celles que vous avez déjà éprouvées.

Les murs sont tous tapissés d'*ex-voto*; leurs inscriptions parlent au cœur. Lisez plutôt celles-ci, placées à côté l'une de l'autre, à droite, en regardant l'autel de l'Archiconfrérie:

N° 2,204. — GLOIRE A MARIE!
JE L'AI INVOQUÉE POUR MON FRÈRE,
ELLE L'A SAUVÉ. MAI 1862.

N° 2,723. — EN LISANT LE MARBRE 2,204,
O VIERGE MARIE !
J'AI SENTI LA CONFIANCE S'EMPARER DE MON AME ;
MOI AUSSI JE VOUS PRIAI POUR MON FRÈRE,
ET VOUS L'AVEZ SAUVÉ.

Et ces autres inscriptions, ne vous disent-elles rien ?

2,777. — NOTRE MÈRE ÉTAIT TRÈS-GRAVEMENT MALADE.
O NOTRE-DAME DES VICTOIRES !
O GRAND SAINT JOSEPH !
NOUS AVONS EU RECOURS A VOUS ;
ET ELLE A ÉTÉ SAUVÉE.

2,803. — UNE AFFAIRE DE FAMILLE
COMPROMETTAIT SON AVENIR.
NOUS L'AVONS MISE SOUS LA PROTECTION
DE NOTRE-DAME DES VICTOIRES
ET DE SAINT JOSEPH.
NOUS AVONS ÉTÉ EXAUCÉS.
RECONNAISSANCE ÉTERNELLE !

2,795. — PROTESTANT CONVERTI
APPELÉ AU SACERDOCE.
GRACE A VOUS, O MARIE !
J'AI EU LE BONHEUR DE BAPTISER MA MÈRE [1].

---

1. Nous avons vu nous-même le jeune prêtre qui a fait placer cet *ex-voto* auprès de l'autel de l'Archicon-

Et ces deux autres inscriptions, à gauche, au-dessous l'une de l'autre, n'ont-elles pas leur éloquence ? C'est le cri de reconnaissance d'une épouse chrétienne, heureuse d'offrir sa famille à Dieu ; c'est le chant d'action de grâce d'une fille qui s'est dévouée pour sauver l'âme de son père.

2,718. — GLOIRE, RECONNAISSANCE ET AMOUR

A MARIE

QUI M'A OBTENU DE DEVENIR MÈRE.

SOYEZ TOUJOURS LA PROTECTRICE DE MES ENFANTS.

2,719. — O NOTRE-DAME DES VICTOIRES,

O GRAND SAINT JOSEPH,

QUI M'AVEZ OBTENU LA CONVERSION DE MON PÈRE,

C'EST AVEC UN CŒUR PLEIN DE RECONNAISSANCE

QUE JE VOUS OFFRE CET EX-VOTO,

PROMIS POUR LUI, AU PIED DE VOS AUTELS.

frérie. Jamais nous n'oublierons l'expression de son visage et l'émotion de son cœur qui se trahissait jusque dans ses traits, lorsqu'il nous avoua que le protestant converti c'était celui qui nous parlait ; lorsqu'il nous ajouta, les yeux humides de larmes, que quelques jours auparavant, Dieu lui avait accordé la grâce de voir sa bien-aimée mère abjurer l'erreur protestante ; et que lui, son fils, avait eu l'honneur et le bonheur de régénérer dans les eaux du baptême catholique celle qui lui avait donné la vie.

UNE DERNIÈRE VISITE

A L'AUTEL DE L'ARCHICONFRÉRIE

Vous voilà de nouveau, mon cher pèlerin, près de la chapelle de l'Archiconfrérie. Je vous invite à y revenir un instant. Vous sortirez de l'église par le chemin que vous avez suivi en y arrivant tout-à-l'heure, par l'allée du milieu de la nef. Mais que ce ne soit pas seulement pour faciliter votre départ que vous rentriez dans la pieuse chapelle. Venez-y jeter un dernier regard sur la statue vénérée de Marie. Peut-être ne la reverrez-vous plus jamais?... Puisse ce dernier regard graver les traits chéris de Notre-Dame des Victoires jusqu'au plus intime de votre cœur !

N'avez-vous pas aussi une dernière prière à adresser à votre Mère bien-aimée? Dans cette dernière prière, répétez à Marie ce que vous lui avez dit, en vous agenouillant la première fois dans son sanctuaire, pour vos parents, pour toute votre famille, pour vos amis, pour vous-même. Mais ne vous relevez pas de cet autel privilégié, sans ajouter un *Pater* et un *Ave Maria* pour tous les besoins de l'Archiconfrérie [1], je veux dire

---

1. Une indulgence de 200 jours est du reste attachée à la récitation de ce *Pater* et de cet *Ave* dans la chapelle de Notre-Dame des Victoires.

pour toutes les saintes œuvres qui l'intéressent [1] pour la conversion des pécheurs, pour ceux surtout qui lui sont spécialement recommandés, enfin pour toutes les âmes qui s'adressent tous les jours à elle, qui, tous les jours, lui envoient le cri de leurs plaintes et de leur détresse.

Oui, priez, avant de vous retirer, mon cher pèlerin, priez à toutes ces intentions. C'est justice. Ignorez-vous que, dans ce sanctuaire de Marie, se trouve une source merveilleuse de grâces et de bénédictions célestes ? Cette source de grâces, c'est sans doute l'infinie miséricorde de Dieu et la compatissante bonté de la Très-Sainte Vierge qui l'alimentent, mais ce sont aussi toutes les supplications, toutes les prières, toutes les bonnes œuvres des Associés qui, de tous les coins du monde, se réunissent au pied de l'autel de Notre-Dame des Victoires. Quiconque vient s'y agenouiller, bénéficie de toutes ces richesses spirituelles de l'Archiconfrérie. Vous en avez bénéficié vous-même, mon cher pèlerin ; et si vous ne trouvez pas avoir assez reçu, depuis que vous êtes dans cette église, puisez encore dans ce trésor mystérieux, mais réel, vous en avez le droit. Mais tout en puisant dans ce trésor, efforcez-vous de ne le point amoindrir pour ceux qui viendront après vous. Et quel est le moyen ? Évidemment, c'est d'ajouter votre prière, vos supplications, aux supplications, à la prière de ceux qui vous ont précédé.

Si tous les pèlerins, que leur piété amène à Notre-Dame des Victoires, agissent ainsi, cette source merveilleuse de grâces dont je parlais tout-à-l'heure ne tarira point ; elle deviendra inépuisable. Dans dix ans, dans vingt ans, dans cin-

---

1. Parmi ces œuvres, les principales sont : l'Exaltation de la sainte Église, Notre Saint Père le Pape la conversion de l'Angleterre, les Missions catholiques, les États et les pays où la religion est menacée et persécutée.

quante ans, comme aujourd'hui, on pourra dire à l'affligé qui pleure : Allez à Notre-Dame des Victoires ! vous y trouverez une consolation ; à la mère, à la sœur, à l'épouse, qui soupirent après le retour à Dieu d'un fils, d'un époux, d'un frère : Allez à Notre-Dame des Victoires ! vous y obtiendrez une grâce de conversion pour cette âme aimée ; au pauvre pécheur, honteux de ses faiblesses et qui n'ose pas regarder le ciel : Et toi aussi, pauvre pécheur, va à Notre-Dame des Victoires ; la grâce du pardon t'y attend, et avec la grâce du pardon, la paix et le bonheur.

Départ du pèlerin.
Coup d'œil sur l'ensemble de l'église.
Sur la chaire. — Sur les grandes orgues.
Sur l'inscription tracée avec des cœurs le long de la grande corniche.

Il vous faut maintenant, mon cher pèlerin, reprendre le bâton du voyage. En parcourant les rangs de ces nombreux fidèles qui viennent de prendre votre place dans le sanctuaire de Marie, et que vous y voyez entrer, tandis que vous descendez la grande nef, saluez ces frères et ces amis ; souhaitez-leur heureuse arrivée ; qu'ils soient bénis, comme vous venez d'être béni.

Mais il faut que je vous arrête encore un moment, avant de quitter cette église, et que je vous invite à contempler, du seuil de la porte principale, l'ensemble du monument. Vous en connaissez tous les détails ; ce coup-d'œil général sera pour vous comme un intéressant résumé de tout ce que vous venez de voir.

Et puis, j'allais oublier de diriger, en passant, vos regards sur la chaire que vous apercevez au milieu de la nef et sur le grand buffet d'orgues.

*
* *

La chaire est d'une modeste apparence; on admire cependant ses ornements : c'est une œuvre de Régnier, habile sculpteur du xviiie siècle. Il est vraisemblable qu'elle n'a pas été déplacée pendant la grande Révolution ; par conséquent, il est à croire aussi, qu'en 1793 et les années suivantes, les membres du comité révolutionnaire y sont maintes fois montés pour y insulter Dieu. Mais si cette chaire a servi alors, ainsi que l'église, à de tels usages, comme elle a été sanctifiée depuis ! qu'elle est devenue vénérable ! Du haut de cette tribune sacrée, combien de voix saintement éloquentes d'évêques, de missionnaires, de confesseurs de la foi, ont retenti depuis cinquante ans! Et n'eût-elle pas d'autre titre de gloire, n'en sera t-ce pas un assez grand pour elle d'avoir servi pendant vingt-huit ans au vénéré M. Des Genettes? N'est-ce pas au pied de cette chaire que des milliers de fidèles sont venus recueillir les conseils, les instructions, je dirais presque les oracles, du fondateur de l'Archiconfrérie ?

*
* *

Les grandes orgues contiennent trente-deux jeux et quatre claviers. Elles ont été exécutées, dans le courant du siècle dernier, par Sélop, facteur alors très-renommé. En brumaire, an XII de la République, il fut question de les déplacer et de les transporter « dans le temple Eustache où l'on allait célébrer les fêtes décadaires; » mais on renonça au projet. Quoi qu'il en soit, ces orgues furent fort endommagées dans la période révolutionnaire. En 1810, la Fabrique de l'église dépensa une somme de 8,000 fr pour les faire réparer. Elles furent plus complétement restaurées, quelques années plus tard, par les soins de M. Simon, artiste distingué, qui, pendant près d'un demi-siècle, a rempli les fonctions d'organiste de l'église : il est mort le 31 mai 1866. L'organiste de l'église est actuellement M. Pickaer fils. Le père est maître de chapelle de l'église et de l'Archiconfrérie. — Le buffet qui renferme les orgues est, comme la chaire, l'œuvre du sculpteur Régnier ; c'est une fort belle pièce.

*
* *

Et de ces touchantes invocations à Marie, qui couvrent toute la grande corniche intérieure de l'édifice, ne vous dirai-je rien ? Elles sont empruntées aux belles litanies de la Très-Sainte Vierge, connues sous le nom de Litanies de Lorette : cela suffit à leur louange.

Près de treize cents cœurs ont servi à tracer ces invocations sur les murs de l'église. Et tous ces cœurs, que de souvenirs n'éveillent-ils point ? Ne me dites pas qu'ils sont comme perdus dans les hauteurs de l'édifice, qu'ils échappent presque au regard mortel, qu'ils ne peuvent révéler qu'aux anges leurs secrets. Chers petits *ex-voto*, non, vous n'êtes point perdus pour nous. Votre mystérieux silence est éloquent, vous publiez à votre façon la gloire de Marie.

Comprenez ma pensée, mon cher pèlerin : aussi bien cette dernière réflexion vous servira pour apprécier à leur juste valeur ces miliers d'*ex-voto* que vous avez vus dans ce temple, partout suspendus sur les murs, et devant lesquels il ne nous a pas été permis de nous arrêter.

Avez-vous jamais regardé le ciel, pendant une belle nuit d'été? Des myriades d'étoiles étincellent dans cette immensité sans borne. Parmi elles, quelques-unes jettent un plus vif éclat. Vous vous arrêtez à les contempler; vous les admirez avec une religieuse satisfaction. Mais n'allez pas vous figurer que vous avez saisi du regard tout ce monde éthéré; vous n'en avez aperçu qu'une bien faible partie. De tous ces astres, il en est, en nombre incommensurable, qui resteront à jamais perdus pour vos yeux. Ils n'en publient pas moins les grandeurs de Dieu. Le Prophète l'a chanté : *Cœli enarrant gloriam Dei*.

Ainsi en est-il de tous les témoignages de reconnaissance et d'amour dont l'église de Notre-Dame des Victoires est remplie. Qu'ils soient placés sous nos yeux ou qu'ils échappent à nos regards, ils n'en publient pas moins la puissance, la bonté, la miséricorde de Marie.

Quelle belle hymne, mon cher pèlerin, tous ces objets mystérieux chantent donc perpétuellement en l'honneur de Notre-Dame des Victoires !
— Du seuil de ce temple, dont vous allez vous éloigner dans quelques instants, unissez-vous à cette belle hymne; dites à Marie dans un élan de cœur tout filial :

O Notre-Dame des Victoires, que je suis heureux d'avoir pu visiter votre sanctuaire; d'avoir contemplé votre image chérie; de m'être agenouillé au pied de votre autel ! Quelle joie n'est-ce pas pour mon cœur de vous voir entourée de tant de témoignages de vénération et d'amour ! Pèlerin ignoré, je voudrais, moi aussi, vous offrir un hommage digne de vos grandeurs et de vos bontés. Dans l'impuissance où je suis de réaliser ce filial désir, je m'unis au concert de louanges qui, de toutes parts, ici, monte sans cesse vers vous. O Notre-Dame des Victoires, ils ont assurément une voix qui sait arriver jusqu'à votre trône, et qui a le mérite de vous plaire, tous ces *ex-voto*, tous ces cœurs, tous ces marbres appendus aux murailles de votre église, ces miliers de lumières qui brûlent perpétuellement autour de votre autel, toutes les fleurs dont on le couvre ; je m'unis, ô Marie, à toutes ces voix qui vous louent à leur manière. Mais je m'unis plus encore à toutes les actions de grâces et d'amour, à toutes les louanges que les pèlerins du monde catholique vous offrent tous les jours ici ; que dis-je, je m'unis à toutes les actions de grâces qui n'ont pas cessé, depuis cinquante années, de se faire entendre dans ce temple béni ; je m'unis surtout à la grande et impérissable voix de M. Des Genettes, qui, de son tombeau, s'élève incessamment vers vous, comme l'expression de la louange et de la reconnaissance de tous.

Mais vous, magnanime Souveraine, ô Mère bien-aimée, réalisez de plus en plus le beau nom sous lequel on vous invoque dans ce sanctuaire : de plus en plus, soyez pour nous et pour tous Notre-Dame des Victoires ! Les merveilles de puissance et de miséricorde que vous avez opérées par la vertu de ce nom mystérieux, multipliez-les de nouveau ; opérez-en de plus grandes encore, pour la gloire de votre divin Fils et pour la vôtre. Oui, ô Marie, soyez ici toujours victorieuse ! Du haut de votre autel des victoires, protégez l'Eglise, assistez son vénéré Pontife ; confondez tous les ennemis qui se liguent contre eux, mettez à néant toutes les ruses de l'enfer ; arrêtez les envahissements du schisme et de l'hérésie ; décuplez la force des défenseurs de l'arche sainte du Dieu vivant ; soutenez le courage de ses évêques, de ses prêtres, de ses missionnaires, de ses martyrs. Soyez victorieuse de tous les pécheurs ! Sur quelque plage lointaine qu'ils habitent, quelles que soient l'énormité de leurs fautes et la durée de leur égarement, triomphez, ô sainte Mère de Dieu, triomphez de ces cœurs qui, sans vous, se perdraient pour l'éternité ;

ramenez-les à votre Fils, sauvez-les. Soyez victorieuse de toutes les âmes des chrétiens! O Notre-Dame des Victoires, excitez notre lâcheté; encouragez notre faiblesse; soutenez nos pas chancelants dans le sentier de la vertu; éloignez de nous les périls où, faute d'énergie, nous pourrions périr; donnez-nous la force de résister au monde, au démon, à l'enfer, dans la lutte à laquelle notre condition mortelle nous destine nécessairement; assistez-nous, ô Vierge puissante, chacun des jours de notre pèlerinage; assistez-nous surtout à l'heure de la mort; en ce moment décisif, donnez-nous la dernière, la suprême victoire !

APPENDICE

I

Notice sur une Inscription qui couvrait, avant 1871, la corniche intérieure de l'église.

Avant 1871, sur la corniche intérieure de l'église, au lieu des invocations empruntées aux litanies de la Très-Sainte Vierge, on lisait, également écrite avec des cœurs, une inscription qui chantait dans un poétique et éloquent langage le grand mystère de l'Immaculée-Conception, promulgué le 8 décembre 1854. La voici pour mémoire.

SANCTA VIRGO MARIA, MATER DOMINI NOSTRI JESV CHRISTI, SPONSA SPIRITVS SANCTI, FILIA DILECTA PATRIS ÆTERNI, CONCEPTA EST IMMVNIS AB OMNI LABE ORIGINALI. GAVDENT ANGELI, EXVLTET ORBIS, HOC EST DE FIDE : TOTO CORDE CREDIMVS ET ORE PROFITEMVR. ALLELVIA ! ALLELVIA ! ALLELVIA !

La Sainte-Vierge Marie, mère de Notre-Seigneur Jésus-Christ, épouse du Saint-Esprit, fille bien-aimée du Père éternel, a été préservée dans sa Conception de toute souillure originelle. Les anges se réjouissent; que la terre tressaille d'allégresse! Cette vérité est un dogme de notre foi. Nous le croyons de tout notre cœur, nous le confessons de nos lèvres : alleluia, alleluia, alleluia!

Cette inscription avait été composée, en 1855, par M. Des Genettes. Il voulait qu'elle fût, dans cette église privilégiée de Marie, comme un glorieux souvenir de la grande solennité du 8 décembre 1854. Depuis, on l'avait soumise à Sa Sainteté Pie IX, qui l'approuva grandement.

Plus de quinze cents cœurs servirent à la tracer sur les murs de l'église. Plusieurs de ces cœurs portaient des dédicaces gravées au burin. Au seul mot *credimus*, nous avons lu sur un des cœurs : Congrégation française de Bruges, sous le titre de l'Immaculée Conception, 1843; — sur un autre : *Salus infirmorum, ora pro nobis,* 9 mars 1842; — sur un autre : La Communauté des Dames anglaises à N***, 1844; — sur un autre : Emile P***, 15 janvier 1846; — sur un autre : *Ludova suos cives Beatæ Mariæ virgini sine labe concepta in perpetuum dedicat.*

A l'un des *alleluia*, nous avons également lu sur un cœur : Vous avez changé nos pleurs en joie et nos cris en chant d'allégresse; — sur un autre : La Visitation de Vilna; — sur un autre : Nous nous consacrons à Marie, 15 août 1842; — sur un autre : *Spes desperatorum, VIII septembris MDCCCXLI, salus pereuntium* ; — sur un autre : *Eripuisti animam meam de morte et pedes meos de lapsu : te laudabo semper!*

N. B. — M. Chevojon se propose de faire rétablir cette belle inscription, dès que les circonstances le permettront.

II

Notice sur les couronnes que portait Notre-Dame des Victoires dans les grandes solennités avant la dévastation de 1871, et description de ces couronnes.

Il a été dit plus haut, page 56, que notre saint Père le pape Pie IX avait daigné, en 1853, faire couronner, en son nom et au nom du vénérable Chapitre du Vatican, la statue de Notre-Dame des Victoires. — A cette occasion, Sa Sainteté envoya à Notre-Dame des Victoires deux splendides couronnes, l'une pour la Sainte-Vierge, l'autre pour l'Enfant-Jésus. On les en parait dans les grandes solennités.

Voici, pour mémoire, la description de ces couronnes, qu'on estimait 70,000 francs. Nous l'empruntons à notre précédente édition.

Toutes deux sont d'or pur et ont la forme royale. La plus grande, celle de la Sainte-Vierge, a 21 cent. de diamètre au bandeau, 34 dans la plus grande largeur et 37 de hauteur, compris le globe et la croix qui la dominent. Sur le bandeau se détachent douze étoiles d'émail blanc, environnées de pierreries et douze grandes pierres précieuses, parmi lesquelles on remarque une émeraude d'une fort belle eau et d'un grand prix. Sept têtes d'anges supportent les arceaux ; entre les arceaux, sept écussons en émaux, ornés de rubis, portent : celui du milieu, les armes du Saint-Père ; les deux voisins, les armes du Chapitre de Saint-Pierre ; les quatre autres, les inscriptions suivantes : « *Salve Regina* (Salut, ô Reine!); — *Honorificatio populi nostri* (Vous êtes la gloire de notre peuple); — *Ab hoste protege* (Protégez-nous contre nos ennemis); — *Mortis hora suscipe* (Recevez-nous à l'heure de la mort). » Un globe d'or s'élevant du calice d'une fleur de lis à sept pétales réunit les arceaux. Sur une bande transversale qui l'entoure, on lit ces mots : « *Decreto Capituli Vaticani coronata AN. MDCCC-LIII* (Couronnée par un décret du Chapitre du Vatican, l'an 1853). » Le globe est sommé d'une croix d'or enrichie de six rubis et de onze diamants de la plus belle eau et d'une remarquable grosseur.

La couronne de l'Enfant-Jésus a 18 cent. de diamètre au bandeau, 27 dans la plus grande largeur et 33 de hauteur. Sur le bandeau brillent douze petits médaillons en émail bleu foncé, rehaussés chacun d'une croix de forme antique, en émail rouge, et douze grandes pierres fines environnées de perles. Au-dessus du bandeau règne une galerie dentelée, surmontée de perles fines d'une grande valeur. La partie supérieure est formée de six arceaux entre lesquels se trouvent autant d'écussons en émaux entourés de pierreries. Trois de ces écussons portent les armoiries de Pie IX et celles du Chapitre de Saint-Pierre ; sur les trois autres, on lit les inscriptions suivantes : « *Auctor sæculi* (Auteur du monde) ; — *Ortus est sol* (Le soleil de la justice s'est levé) ; — *Gratia in labiis tuis* (La grâce distille de vos lèvres). » Le décret du Chapitre du Vatican est également indiqué sur un globe d'or qui domine les arceaux, et sur lequel s'élève une croix d'or formée de six rubis et de dix beaux diamants.

En résumé, on compte sur les deux couronnes d'or 420 diamants, rubis, émeraudes ou pierres précieuses de toute grandeur, 132 perles fines et 37 émaux.

III

Notice sur les couronnes que portait ordinairement Notre-Dame des Victoires avant le pillage de 1871.

Les couronnes que l'on voyait ordinairement sur la statue de Notre-Dame des Victoires avant 1871 étaient en argent doré. Comme les couronnes données par le Saint-Père, elles avaient la forme royale. Du bandeau ou diadème se détachaient huit arceaux qui se rejoignaient au sommet et supportaient une croix toute garnie d'améthystes. Sur le diadème et sur les arceaux étaient enchâssées des topazes jaunes et roses, des améthystes, des aigues-marines et autres pierres, toutes de grande dimension et de fort belle eau.

Ces couronnes avaient été données du vivant de M. Des Genettes, — nous ne saurions préciser au juste l'année, — par Madame la marquise de Wellesley, vice-reine d'Irlande [1].

Les archives de l'église possèdent un rapport relatif à cette donation. Cette pièce curieuse est écrite sur parchemin. Elle commence ainsi :

---

1. Dans les premières années de l'Archiconfrérie, Notre-Dame des Victoires ne portait qu'un seul diadème, en cuivre doré, orné de stras. Ces diadèmes ne servirent plus que les jours ordinaires, lorsque Mme de Wellesley eut fait son présent. Les couronnes données par Mme de Wellesley, réservées d'abord pour les jours de fête, furent mises au second rang, après la réception des splendides couronnes de N. S. P. le Pape Pie IX.

Mme la marquise de Wellesley, morte il y a quelques années en Angleterre, appartenait par sa naissance à l'illustre famille Carroll, d'origine irlandaise, qui a

« Animée des sentiments qui caractérisent les vrais enfants de Marie, la marquise de Wellesley a voulu témoigner à Notre-Dame des Victoires sa dévotion, sa confiance, son amour et sa reconnaissance, en lui offrant cette couronne composée de joyaux qui lui avaient servi de parure, lorsque les bienséances d'une position élevée exigeaient qu'elle en fît usage dans le monde. »

Le rapport se termine par cette phrase : « Puisse la donation de l'illustre Dame être le gage de la couronne immortelle que Dieu lui réserve ! »

donné aux États-Unis d'Amérique leur premier évêque, dans la personne du vénérable John Carroll. Mgr John Carroll, que l'on appelle à juste titre le père de l'Église d'Amérique, mourut archevêque de Baltimore. Ce siège venait d'être érigé pour lui.

Le grand'père de Mme de Wellesley était le célèbre Charles Carroll, qui fit partie du congrès de 1776 où fut proclamée l'indépendance des colonies américaines appartenant à l'Angleterre. Seul membre catholique de cette assemblée, il sut y maintenir les droits de l'Église. En signant la déclaration de l'indépendance des colonies, il risquait une fortune de dix millions : sa conscience parla plus haut que ses intérêts.

La petite-fille de Charles Carroll, Mme de Wellesley, épousa en premières noces M. Patterson, beau-frère du prince Jérôme Bonaparte, oncle de l'empereur Napoléon III. Quand le marquis de Wellesley, vice-roi d'Irlande, fit offrir sa couronne à la veuve de M. Patterson, celle-ci, qui avait eu l'idée de s'éloigner du monde, refusa deux fois. Ce ne fut que dans la pensée de procurer le bien de la religion et d'être plus à même de rendre service à son pays, qu'elle consentit à monter sur le trône.

Après la mort du vice-roi, son mari, la marquise de Wellesley se retira dans un château royal que la reine d'Angleterre, qui avait pour elle la plus grande estime, lui assigna pour demeure. Elle y a vécu jusqu'à sa mort dans la solitude, partageant son temps entre la prière et les bonnes œuvres. Ce fut en quittant la cour qu'elle songea à offrir à Notre-Dame des Victoires quelques-uns de ses anciens joyaux et à lui en composer une couronne.

IV

Notice sur les nouvelles couronnes offertes par les Associés de l'Archiconfrérie à Notre-Dame des Victoires.

Extrait des Annales de l'Archiconfrérie, Bulletin de décembre 1876.

Au jour de la fête patronale de Notre-Dame des Victoires, son Exc. le Nonce Apostolique bénissait deux nouvelles couronnes, que la dévotion des fidèles offrait au divin-Enfant Jésus et à Marie Immaculée.

Ces bijoux n'ont pas la prétention de remplacer les splendides couronnes d'or, dues à la munificence du Souverain-Pontife, et malheureusement disparues dans le pillage de l'église en 1871.

Cependant, grâce aux joyaux apportés en grand nombre pour cet usage, l'intelligent orfévre du Saint-Père, M. Poussielgue-Rusand, a su faire un travail digne de sa destination, et les pieux donateurs y trouveront avec joie leurs ex-voto, montés de manière à être parfaitement reconnus.

Les couronnes ont cette forme traditionnelle qui marque la plénitude de la puissance : un bandeau fleuronné d'où s'élèvent huit arceaux surmontés du globe et de la croix.

Par une ingénieuse combinaison, et dans une pensée toute chrétienne, l'artiste a fait jaillir du bandeau royal, entre les arceaux, de délicieux bouquets de lys, avec leurs fleurs épanouies et leurs boutons à peine éclos. Rappel heureux de cette parole des saints Livres : « *Ego sum flos campi et lilium convallium.* » — Rien n'égale la délicatesse de ce travail, qui montre une fois de plus à quel degré s'élève notre art religieux sous la féconde inspiration de la foi.

Voici maintenant l'harmonieux défilé des joyaux et des pierreries, agencés avec un goût parfait : Au front de la Sainte-Vierge une broche en diamants et perles fines ; plus haut une émeraude entourée de brillants (c'est le chaton d'une bague) et une jolie croix pavée de roses. Ici les saphirs et les rubis mêlant leurs feux aux douces teintes du lapis-lazuli et des turquoises ; là de superbes aigues-marines, quelques améthystes et de modestes cornalines, dont l'origine établissait le droit à figurer auprès de dons plus considérables.

Toutes ces richesses s'unissent sans se confondre, et chaque chose prend une valeur nouvelle de la place qu'elle occupe dans le plan général. Ainsi les délicates ciselures complètent l'effet des pierreries, dans les gracieux enroulements des fleurons comme dans les dessins plus serrés des arceaux. A la naissance de ceux-ci brille une étoile d'or, où trouveraient place aisément de nouvelles pierres, au fur et à mesure qu'elles seraient offertes.

Une croix en cristal de roche scintille au centre de la croix terminale, dont les fleurons et les angles sont ornés de perles fines, de rubis et d'émeraudes. Enfin, sur le bandeau de la sphère qui porte cette croix, s'épanouissent des roses à six pétales dont le cœur est formé d'une aigue-marine taillée à facettes.

Cette description de la couronne offerte à la Très-Sainte Vierge (*Virgini Deiparæ*) s'applique à celle de l'Enfant-Jésus, où nous retrouvons les mêmes témoignages d'amour et de reconnaissance de la part des fidèles, et le même bon goût de la part de l'artiste.

TABLE DES MATIÈRES

Dédidace aux Associés de l'Archiconfrérie....	1
Un mot au pèlerin avant le départ............	1
Origine de l'église de Notre-Dame des Victoires. — Les Augustins déchaussés ou Petits-Pères. — Leur premier établissement en 1620. — Louis XIII se déclare fondateur de leur nouveau couvent, et pose, en 1629, la première pierre de leur église, sous le vocable de Notre-Dame des Victoires.............	2—7
Histoire de la construction de l'église. — 1re période : 1629 à 1656. — Les travaux sont repris en 1656. — L'édifice est livré au culte en 1666. — Il n'est achevé qu'en 1740. — Consécration du monument le 13 novembre 1740...............................	7—12
Description architecturale de Notre-Dame des Victoires	12—16
Résumé de l'histoire intime et religieuse de l'église de Notre-Dame des Victoires, depuis son origine jusqu'au 3 décembre 1836. — 1re période : de 1629 à 1666 ; elle s'écoule dans la chapelle provisoire. — 2e période de 1666 à 1789. — 3e période de 1789 à 1803. — L'église devient paroisse et est desservie par des prêtres constitutionnels. — Elle sert de lieu de réunion à la société patriotique du quartier du Mail. — On y installe ensuite la Bourse. — 4e période : de 1803 à 1836. — Quatre curés se succèdent : leur ministère reste sans succès.	16—22
Histoire de l'établissement de l'Archiconfrérie. — M. Des Genettes est mystérieusement inspiré de consacrer sa paroisse au très-saint et immaculé Cœur de Marie, le 3 décembre 1836, et d'y ériger une pieuse Association, sous ce titre, ayant pour but la conversion des pécheurs. — Les statuts de l'Association sont	

approuvés le 10 décembre. — Le lendemain a lieu la 1re réunion. — Conversion de M. Joly, ancien ministre de Louis XVI. — Ouverture du registre d'admission, le 12 janvier 1837. — Premiers développements de l'Œuvre. — Ils sont entravés par la jalousie et les ruses de l'esprit du mal. — M. Des Genettes ne se décourage point. — La pieuse Association est élevée par le pape Grégoire XVI à la dignité d'Archiconfrérie, le 24 avril 1838. — Progrès admirables de l'Œuvre à partir de cette époque. ... 22—38

L'Archiconfrérie depuis la mort de M. Des Genettes (25 avril 1860), jusqu'au 1er janvier 1881. — I. Les successeurs de M. Des Genettes. — Mgr Morlot fait choix de M. Chanal pour successeur de M. Des Genettes, 25 mai 1860. — Notice biographique de M. Chanal. — Démission de M. Chanal. — M. l'abbé Chevojon est appelé à la cure de N.-D. des Victoires. — Notice biographique de M. Chevojon. — ... 38—48

II. Modifications importantes pour l'administration de l'Archiconfrérie dues à Mgr Morlot. — Election d'un Sous-Directeur général. — Formation d'un comité. — Les PP. Maristes sont appelés à Notre-Dame des Victoires, en qualité de confesseurs des pèlerins. 48—52

III. Vie intime et progrès de l'Archiconfrérie après la mort de M. Des Genettes........ 52—54

Principaux priviléges dont l'église de Notre-Dame des Victoires a été enrichie par les Souverains-Pontifes depuis l'établissement de l'Archiconfrérie...................... 55—56

Indication de quelques chiffres, d'une grande importance, pour apprécier le sanctuaire de Notre-Dame des Victoires.............. 57—61

Arrivée du pèlerin à Notre-Dame des Victoires. — Premières impressions. — Première prière .... 63—69

CHAPELLE DE LA TRÈS-SAINTE VIERGE

La statue de Notre-Dame des Victoires. — Description. — Origine. — Histoire de cette statue. 69—74
Autel de l'Archiconfrérie............. 75
Châsse de sainte Aurélie.................. 77

Rétable et couronnement de l'autel..........	79
Devise de la corniche : Refugium peccatorum.	80
Les ex-voto et les cœurs de la chapelle de l'Archiconfrérie. — Deux ex-voto exceptionnels................................	83
La Croix du Tabernacle et l'Arche d'alliance.	84
Les tableaux de l'autel et les anciens tableaux.	85
Le vitrail de la grande fenêtre. — L'origine de l'Archiconfrérie et ses admirables résultats y sont racontés sous de mystérieux emblèmes.	87
Tombeau et pierre sépulcrale de M. Des Genettes.................................	88
Lampes et cierges qui brûlent perpétuellement auprès de l'autel de l'Archiconfrérie. — Comment les lumières conviennent à cet autel de la Très-Sainte Vierge. — Histoire des lampes. — La lampe de l'Impératrice. — Lampes romaines.......................	94
Les ex-voto de marbre. — Les n°s 2,688, 2,931 et 10,531. — L'ex-voto de l'Angleterre.	102
Ex-voto au-dessus du tronc de l'Archiconfrérie	110

LE CHŒUR

Ex-voto à l'entrée du chœur...............	111
L'ex-voto de la Pologne. — Description. — Récit de la présentation de l'ex-voto...........	114
Deux ex-voto en lapis-lazuli................	119
Jeux d'orgue du chœur.....................	119
Boiserie, stalles et autel du chœur.........	120
LES TABLEAUX DU CHOEUR..................	123
Tableaux relatifs à la vie de saint Augustin. — 1er tableau : *Le Baptême de saint Augustin*................................	123
2e Tableau : *Saint Augustin prêche devant Valère, évêque d'Hippone*..............	125
3e Tableau : *Saint Augustin est sacré évêque.*	126
4e Tableau : *Saint Augustin dans la célèbre conférence des évêques catholiques avec les évêques donatistes*......................	127
5e Tableau : *Mort de saint Augustin*........	129
6e Tableau : *Translation des reliques de saint Augustin*	130
Souvenir rétrospectif sur deux autres tableaux.	131

Tableau du maître-autel : *Louis XIII dédie à la Sainte-Vierge l'église de Notre-Dame des Victoires* 132
Chronique au sujet du 7ᵉ tableau. — Deux autres épisodes au sujet de ce tableau 133
Cœurs placés dans la corniche de l'entablement au-dessus du maître-autel.......... 137
Vitrail de l'abside. Touchant épisode : histoire de Mme la comtesse Yolande de la R*** ... 138

SACRISTIES

Coup d'œil sur les premières pièces......... 144
Sacristie des prêtres. Souvenirs........... 145
Sentences écrites sur les murs............. 146
Boiserie et statue de saint Pie V. 147
Grande inscription résumant l'histoire de l'Archiconfrérie........................ 148
Portrait de M. Des Genettes, peint par Court. — Histoire de ce portrait............. 150
Inscription énumérant les principales indulgences de l'église......................... 155
Salles des Catéchismes. — Sacristie des recommandations................................ 156

CHAPELLE DE SAINT-AUGUSTIN

Histoire de cette chapelle et des tableaux qui lui servent d'ornement............. 158
Grandes inscriptions placées sur les piliers à l'entrée de la chapelle de Saint-Augustin. 164
Vitrail de la chapelle...................... 166
Les marbres 2,415, 8,008 et 3,500............ 167

CHAPELLES DE LA NEF

Voûte entre la chapelle de Saint-Augustin et de N.-D. des Sept Douleurs. Les marbres 3,530, 3,534 et 3,400 169
Histoire d'un Trappiste................... 170
Chapelle de la Sainte-Enfance. — Souvenir de Mgr de Forbin-Janson. — Description des deux ex-voto sur lesquels sont peints

des roses et des marguerites................	181
Chapelle de Saint-Jean l'Evangéliste. — Souvenirs rétrospectifs. — Tombeau de Lulli..	183
Chapelle des fonts baptismaux. — Bas-relief donné par Mgr de Forbin-Janson..........	186
Inscriptions relatives au Couronnement de Notre-Dame des Victoires, placées sur les quatre piliers à l'entrée de l'église	188
Inscription grecque latine et française des bénitiers................................	193
Les piliers de la grande nef................	195
Chapelle de Saint-Pierre. — Origine de cette chapelle. — Description de la statue.......	196
Chapelle de Saint-Joseph. — Souvenirs historiques. — Mausolées de Jean Vassal et du marquis de l'Hôpital......................	203
Chapelle du Sacré-Cœur	204
Chapelle de Sainte-Anne....................	205
Les ex-voto de la voûte qui conduit de la chapelle de Sainte-Anne à celle de l'Archiconfrérie...................................	206
Une dernière visite à l'autel de l'Archiconfrérie...................................	209
Départ du pèlerin. Coup d'œil sur l'ensemble de l'église. — Sur la chaire. — Sur les grandes orgues. — Sur l'inscription tracée avec des cœurs le long de la grande corniche........	211
Dernière prière à N.-D. des Victoires......	214

APPENDICE

Notice sur la grande inscription qui couvrait la corniche intérieure de l'église avant 1871...................................	217
Notice sur les couronnes que portait N.-D. des Victoires dans les grandes solennités avant 1871...............................	219
Notice sur les couronnes que portait ordinairement Notre-Dame des Victoires avant 1871...................................	221
Notice sur les nouvelles couronnes offertes par les Associés et les fidèles à Notre-Dame des Victoires............................	223

Bourges, typ. Pigelet et Fils et Tardy, rue Joyeuse, 15.

PRINCIPALES PUBLICATIONS
CONCERNANT NOTRE-DAME DES VICTOIRES
ET L'ARCHICONFRÉRIE

I. **Manuel de l'Archiconfrérie**, par M. Dufriche Des Genettes. (Épuisé.)

II. **Notice sur la vie de M. Des Genettes** 2 »

III. **Annales de l'Archiconfrérie**, revue mensuelle. — Prix de l'abonnement.... 3 » (le port en sus). On peut se procurer tous les volumes parus depuis 1863, au prix de 2 fr. par année.

IV. **Le Vade-Mecum des Associés de l'Archiconfrérie**. — Nouvelle édition.. » 75
Relié. Prix..... . ... 1 25

V. **Le Pèlerin à N.-D. des Victoires.** Nouvelle édition............... 1 »

VI. **Calendrier-Coutumier et Ephémérides de N.-D. des Victoires.** Nouv. éd. » 50

VII. **Sainte Aurélie.** HISTOIRE DE CETTE JEUNE SAINTE ET DE SES RELIQUES que possède l'église de Notre-Dame des Victoires. » 15

VIII. **L'Indulgence des sept autels à N.-D. des Victoires.** Prières qu'on récite à l'exercice solennel .... » 10

IX **Catalogue général des Indulgences** accordées aux Associés et à l'église de Notre-Dame des Victoires........... » 10

X. **Un triple prodige dû à l'intervention de la Très-Sainte Vierge**, en son sanctuaire de Notre-Dame des Victoires et en celui de Lourdes................ » 15

XI. **Neuvaines à N.-D. des Victoires**, choix de prières et avis............... » 20

XII. **Pie IX et N.-D. des Victoires.** » 50

XIII. **M. Des Genettes.** Histoire de son portrait et de ses décorations............. » 15

XIV **Le Testament de M. Des Genettes et l'histoire de son tombeau à N.-D. des Victoires**........ .... » 15

Bourges, typ. Pigelet et Fils et Tardy

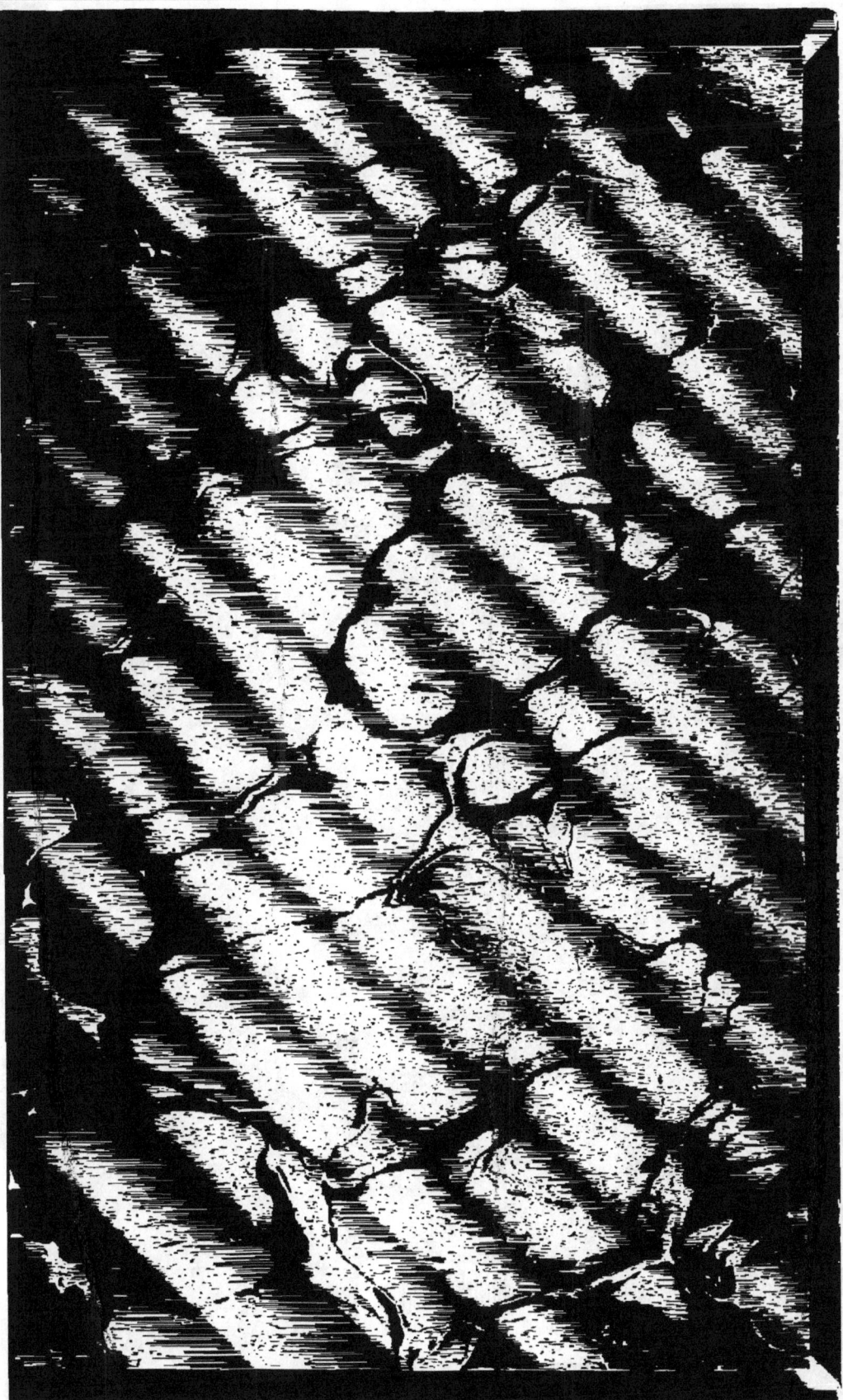

www.ingramcontent.com/pod-product-compliance
Lightning Source LLC
Chambersburg PA
CBHW060130190426
43200CB00038B/2192